脱貧困のための国際開発論

International Development Studies and Escape from Poverty

★★★★★★★★★

Motohiko SATO
佐藤元彦

築地書館

はしがき

　「9・11事件」以後、「テロ」対策としての貧困撲滅という論調がにわかに強まっている。今年初めに開催された世界経済フォーラム年次総会（いわゆるダボス会議）でも先月のカナナスキス・サミットでも、参加各国の首脳からそうした趣旨の声が相次いだ。冷戦終結宣言が発せられる以前に当然のようにまかり通っていた「貧困が共産主義の温床となるので、貧困撲滅のための援助が必要である」といった主張と相通じる点が少なくない。貧困が何らかの意味での「反体制」、「テロ」に本当につながるのかどうかは、実際には慎重な検討が必要な筈だが、「反体制」運動の中に貧困撲滅をスローガンとして掲げるケースが少なくないことも手伝って、この種の論調は広く容易に受け入れられてきた。

　だが、貧困緩和・解消がそれ自体として必要であるという認識とは異なる、"政治的に歪められた"このような貧困撲滅論が、果たして貧困問題解決に向けた具体的展望を本当に切り拓くことができるのであろうか。いわば予防外交・対策的な観点からの議論だとも言ってよいこうした貧困撲滅論が、本当に脱貧困に貢献し得るのであろうか。冷戦政策の一環としての経済援助が貧困の解消に役立ったとは殆ど思えないこと、すべての共産主義諸国が貧困撲滅という点で成功を収めた訳ではないこと、さらには、深刻な絶対的貧困が報告されている地域でも「反体制」の動きが見られないケースが少なくなかったこと、などに思いをめぐらす時、こうした問いに直ちにイエスとは答え得ない。

　それどころか、主に人間発展（Human Development）論を契機にして、1990年代以降世界的に高まっている貧困緩和・解消に対する新たな取り組みに、以上のような論調が水をさすことになりはしないか、との危惧さえ禁じ得ない。「上から」あるいは外部、当事者以外から一方的に進められる貧困対策がいかに不毛であるのかという点は、今後の貧困緩和・解消論、脱貧困論においてまずは踏まえられるべきであろうというメッセージを、本書の冒頭で明確にしておきたい。

　　　2002年7月　　　　　　　　　　　　　　　　　　　　　　　著　者

目次

はしがき　i
序——本書の構成と問題意識　1

第1章 ── 貧困緩和・解消論の新たな展開と人間発展論
1. はじめに　7
2. 貧困緩和・解消論の変遷と人間発展論への展開　8
3. 人間発展論の内容と問題点　14
4. おわりに　21
【注】　23

第2章 ── 社会発展論の意義と課題
1. はじめに　33
2. 社会発展論の内容と意義　35
3. 社会発展論の課題　41
4. おわりに　45
【注】　49
【参考資料】国連社会発展サミット行動計画・第5章B「市民社会の関与」　57

第3章 ── 参加型貧困評価と貧困緩和・解消のための「公共行動」
1. はじめに　59
2. 貧困認識と貧困緩和・解消システムの脱構築　60
3. PPA（参加型貧困評価）の意義と問題点　63
4. 多元的制度・エージェント論と「公共行動」　70
5. おわりに　76
【注】　79

第4章 ── ソーシャル・キャピタル論と貧困緩和・解消
1. はじめに　83
2. ソーシャル・キャピタルの概念内容とその特徴　85
3. ソーシャル・キャピタルのタイプ　95
4. ソーシャル・キャピタルと貧困緩和・解消　97
5. おわりに　104
【注】　107

第5章 ─────── 貧困緩和・解消のための社会的セーフティネット
  1. はじめに　113
  2. アジア危機と社会的セーフティネット　115
  3. 福祉ユニバーサリズムの教訓　120
  4. 社会的セーフティネットの今後の方向性　124
  5. おわりに　127
  【注】　129

第6章 ─────── 貧困緩和・解消スキームとしてのマイクロファイナンス
  1. はじめに　135
  2. 国連のマイクロファイナンス認識　137
  3. マイクロファイナンスの成果に対する国連評価の検討　139
  4. マイクロファイナンスに期待される役割に関しての国連認識の検討　145
  5. おわりに　155
  【注】　157

第7章 ─────── マイクロファイナンスの可能性と課題
   ─ドロップアウトの実態を踏まえて─
  1. はじめに　163
  2. ドロップアウトの数量的把握　164
  3. ドロップアウトの事由・背景　169
  4. ドロップアウトが提起している諸問題　182
  5. おわりに　185
  【注】　187

あとがき　191
索　引　195

図表一覧

第3章
- 表3－1　RRAとPRAの比較
- 表3－2　PPAの手順
- 表3－3　危険管理メカニズム

第4章
- 表4－1　人的資本とソーシャル・キャピタルの相違
- 表4－2　Krishnaによるソーシャル・キャピタルの2類型
- 表4－3　Uphoffによるソーシャル・キャピタルの2つのタイプ
- 図4－1　ソーシャル・キャピタルと貧困緩和・解消

第5章
- 表5－1　アジア危機直前の政府社会保障関係支出とILO102号条約批准の状況
- 表5－2　失業関連社会保障制度の東アジアにおける整備状況（1997年）
- 図5－1　個人から見た社会的保護ポートフォリオ概念図

第6章
- 表6－1　バングラデシュ農村部におけるMCサービスに対しての貧困者の評価
- 表6－2　金融サービスによる貧困緩和

第7章
- 表7－1a　グラミーン銀行のドロップアウト状況
- 表7－1b　BRACのドロップアウト状況
- 表7－2a　BRACにおけるドロップアウト者と継続者の対比
- 表7－2b　BRACにおけるドロップアウト者間比較
- 表7－3　各調査に見るドロップアウトの理由
- 図7－1　バングラデシュにおけるMF関係機関・プログラム数の推移
- 図7－2a　ASAからのドロップアウトの事由（総括）
- 図7－2b　ASAからのドロップアウトの事由（年数別）
- 図7－2c　ASAからのドロップアウトの事由（地域別）

主要略語一覧

ADB：アジア開発銀行
APEC：アジア太平洋経済協力会議
ASA：Association for Social Advancement
ASEAN：東南アジア諸国連合
ASEM：アジア欧州会議
BHN：Basic Human Needs
BIDS：バングラデシュ開発研究所
BRAC：Bangladesh Rural Advancement Committee
CASHPOR：Credit and Savings for the Hardcore Poor in Asia-Pacific
CDF：Credit and Development ForumまたはComprehensive Development Framework
CGAP：Consultative Group to Assist the Poorest
CROP：Comparative Research on Poverty
DAC：開発援助委員会
ESCAP：国連アジア・太平洋経済社会委員会
GBMFIs：Group-Based Micro-Finance Institutions
HDC：Human Development Centre
HDI：Human Development Index
HPI：Human Poverty Index
IDB：米州開発銀行
ILO：国際労働機関
IMF：国際通貨基金
IYM：国連マイクロクレジット国際年
MC：マイクロクレジット
MF：マイクロファイナンス
MFN：Micro-Finance Network
MI：マイクロインシュアランス
MS：マイクロセイヴィング
NGO：非政府組織
NPO：非営利組織
OECD：経済協力開発機構
PKSF：Palli Karma Sahayak Foundation
PPA：Participatory Poverty Assessment
PRA：Participatory Rural Appraisal
ROSCAs：Rotating Saving and Credit Associations
RRA：Rapid Rural Appraisal
PRSP：貧困削減戦略ペーパー
SRM：社会的リスク管理
SUM：Special Unit for Microfinance

UNCDF：UN Capital Development Fund
UNDD：国連開発の十年
UNDEP：国連貧困撲滅のための十年
UNDP：国連開発計画
UNICEF：国連児童基金
UNRISD：国連社会発展研究所
UNSFIR：国連インドネシア復興支援機関
USAID：アメリカ国際開発庁

序──本書の構成と問題意識

　貧困緩和・解消に向けた国際的取り組みが、かつてなく強化されている。なかでも注目されるのは、1960年代以来「開発の十年」（UNDD）を四次にわたって設定し続けてきた国際連合（国連）が、1996年を「貧困撲滅のための国際年」としたのに続いて、その翌年からの十年間を「貧困撲滅のための（第1次）十年」（UNDEP-Ⅰ）と設定した点である[1]。2000年9月の国連ミレニアム・サミットでも、こうした貧困緩和・解消に向けての国際的方向性が再確認されると共に、2015年までに世界における絶対的貧困者数の対総人口比率を半減させるという目標[2]を達成するために努力を強化することが謳われた。

　多言するまでもなく、貧困は、国際開発論にとっての最重要課題であり続けてきた。国際開発論という研究分野の成立自体が、貧困というイッシューを抜きにしては説明できないと言っても過言ではない。だが、貧困の原因論に比べれば、その緩和・解消論は決して十分に深められてきたとは言い難い。原因の解明なくしてその問題の解決は考えられないというのは、その通りだとしても、原因解明が直ちに問題解決の手段や道筋を明らかにすることにはならないということも確かである。その意味では、貧困の緩和・解消に直接的な関心が向けられるに従って、そのための議論がかつてなく提起されるようになっている最近の状況には、注視すべき面が少なくない。

　本書は、国際開発論におけるこうした近年の研究動向の中で注目される議論のいくつかを取り上げて、その内容を検討すると共に、貧困緩和・解消論の今後の展開に向けた課題を提起することを目的としている。貧困やその緩和・解消をめぐる国際開発論での最近の議論は、次の二つの点で、従来には見られない特徴を示していると考えられる。第一は、貧困そのものの認識が変化し始めているとい

う点である。その契機をつくったのは、第1章で取り上げる人間発展（Human Development）論と言ってよい。人間発展の対語に相当する「人間貧困」は、従来の貧困認識は「所得貧困」を中心にしたものであることを明らかにすると共に、多元的でかつ動態的な貧困認識の重要性を提起した。世界銀行が貧困概念に力の剥奪（powerlessness）を含めるようになったことや、本書では詳細に検討する機会をもたなかったが、ILOが失業に代わってディーセント・ワーク（decent work；働く価値のある仕事）[3]に恵まれない状態を貧困に関わることとして問題提起し始めていることなどは、いずれもこうした変化を具体的に示していると考えられる。第3章で検討するPPA（参加型貧困評価）という貧困当事者の認識を重視するアプローチも、このような問題意識を背景にした、従来とは異なった研究のあり方だと言ってよい。

　第二に注目されるのは、貧困を緩和・解消しようとする際の社会的枠組みに関する認識の変化である。国家、市場の他に、コミュニティ、住民組織、NGO・NPOなどが重視されるようになっている点に加えて、そうした諸主体を当事者とするガヴァナンス（governance；協治あるいは共治という訳語が与えられる場合が多い）の構造に多くの関心が向かっている。従来は、国家vs.市場といった認識に典型的に見られるように、いずれかの一つの当事主体が強調されがちであったが、最近では、それらの組み合わせの可能性が探られるようになっている。有名なHirschmanの「退出するか、それとも声をあげるか」という問い[4]を援用するならば、退出、あるいは断絶（デリンキング）ではなく、「声をあげる」ことに関係や構造の変革の可能性を見出そうとするようになっていると言ってもよい。グローバル化の進展と共に、"外界"が縮小し、"ましな社会"を外部に求めることが難しくなったためか、このような認識の変化は、1980年代後半には既に見受けられていた。とはいえ、貧困緩和・解消のための社会の枠組みとの関連で明確に提起されるようになったのは、1990年代半ば以降展開された社会発展（Social Development）論においてであったと言ってよい。第2章で強調したように、この議論はかつての社会開発論とは異なって、文字通りに「社会の発展」に関わる問題認識を深める契機をつくっている。第3章の後半で取り上げた「公

共行動」に関する議論や第4章で検討しているソーシャル・キャピタル論、また、第5章で取り上げた社会的セーフティネット論は、いずれも「社会の発展」論の展開という文脈において関心がもたれる議論と言える。

　ところで、本書には、以上の他にいわゆるマイクロファイナンスに関わる二つの章を収めた（第6章および第7章）。貧困緩和・解消のためのスキームとして近年これほどまでに注目されているものはないにも拘らず、その分析と評価のとりまとめがなお不十分にしか行われていないものはないのではないか、と感じているからである。マイクロクレジット世界サミット（1997年2月）、マイクロクレジット世界サミット＋5会議（2002年11月）、さらには2005年の「国連マイクロクレジット国際年（IYM）」などといった動きの中で、マイクロファイナンスの貧困緩和・解消スキームとしての有効性が、実態を離れて過大に評価される傾向が見受けられる。これに対して、本書では、もう少し冷静な観点から、その有効性を再検討することに努めた。

　以上が本書の構成であるが、全7章を通じて本書を支えている筆者の問題意識について、予めここで簡単にまとめておきたい。第一は、貧困はこれまで当事者以外から問題視され始めることが殆どであったのではないか、という点に関係している。「南北問題」を最初に提起したのは先進諸国であったし、第1章の前半で取り上げた貧困をめぐる従来の諸議論も、先進世界の人々、あるいは発展途上世界の貧困とは殆ど無縁の人々によって、いわば「上から」展開されたと言ってよい。もっとも、そのことの良し悪しを論じることがここでの趣旨ではない。餓死寸前の人々を面前にしての外部からの「人道的介入」は、やはり必要であろう。ただ、非当事者による問題設定が、貧困の実態把握という点でも、そこからの脱却方法という点でもしばしば恐ろしく非現実的な議論を生み出してきたのではないか、そのことを今後の議論に十分に反映させていく必要があるのではないか、という点を提起したいのである。その意味では、第3章で取り上げたPPAなどの動きは大いに注目されるところであるが、しかし、同時に留意が必要と思われるのは、貧困とはしばしば構造的であるが故に非当事者にとっては「不可視」な面が少なくない一方で、貧困者は多くの場合、力どころか声すらなき民であるとい

う点である。自ら問題設定を行って、その問題を解決するための手段や社会的枠組みを自ら考える、というスタートを可能にするための環境をいかに整えるのか、というテーマが貧困問題解決の基底に据えられる必要がある。「人道的介入」は、あくまでも非常事態に際しての一時的な対応に過ぎないし、また、そうあるべきであろう。

　第二に、貧困解消、さらには人間発展は、「人権としての発展の権利」論を改めてもち出すまでもなく、最終的には個人のレベルで達成される必要がある。もっとも、その個人とは、特定の個人ではなくすべての個人であることについては言うまでもない。それ故、人間発展は、すぐれて（人間が構成する）社会の問題であることが了解される。社会は、方法論的、技術的には個人に還元できるにせよ、個人の貧困解消、人間発展は、他の個人や社会との関係を抜きにしては議論できない、ということでもある。ところが、近代の歴史の中では、貧困は、個人（ミクロ、市場）と国家（マクロ）という軸を中心に考察され、社会（メゾ）への視点が欠落しがちであった。まさにそのような考察のあり方が、貧困問題の十分な解決をもたらさないできたとも言い得る。社会への視座をいかに再構築するのかが、本書を貫く第二の問題意識に他ならない。問題は、経済中心か社会中心かということではない。経済と社会のバランスをいかに保つか、ということでもない。経済と社会とをいかに統合するのか、という点にこそテーマが設定されるべきである。しかも、現代においては、国境を超えた経済に統合し得る社会とは何か、という問題を絶えず念頭に置く必要があろう。従来のミクロとマクロの中間に位置するメゾとして社会を概念化するだけでは、もはや十分でなくなってきている。

　本書が、全体として、以上のような問題意識にどこまで応えているのかについては、読者諸賢によるコメントに委ねたいと思う。不十分な点は、今後の研究によって補うほかない訳であるが、ともあれ、貧困の原因論ではなく、貧困の緩和・解消論、あるいは脱貧困論の展開に焦点を当てた試みとして広くご参照いただければ、望外の幸せである。

【注】
(1) 周知のように、これらに先立って1992年には「貧困根絶のための国際デー」（10月17日）が設定されているが、こうした一連の国連の動きの経緯、背景については、竹内菜摘「『貧困撲滅のための国際年』について」『ヒューライツ大阪ニュースレター』No.6（1996年）、8～9頁、西川潤「世界の貧困」『早稲田政治経済学雑誌』第325号（1996年）、64～82頁などを参照。
(2) ここでの絶対的貧困者とは、一日当たりの所得水準が1購買力平価ドルに達しない、いわゆる「所得貧困」状態にある人を指している。また、この目標を含め8つのミレニアム開発目標（MDGs）が国連システム全体で共有されるに至っているが、その基礎がつくられたのは、ミレニアム・サミットに先立って同年の6月にジュネーブで開催された第24回国連特別総会（いわゆる社会発展特別総会）においてであった。
(3) ディーセント・ワークの概念内容については、本書第3章の注(6)を参照。
(4) Albert O. Hirschman, *Exit, Voice and Loyalty: Responses to Decline in Firms, Organizations and States* (Harvard University Press, 1970)〔邦訳／三浦隆之（訳）『組織社会の論理構造－退出、告発、ロイヤルティ』（ミネルヴァ書房、1975年）〕。なお、峯陽一『現代アフリカと開発経済学』（日本評論社、1999年）、第4章をも参照。

第1章

貧困緩和・解消論の新たな展開と人間発展論

1. はじめに

　世界銀行によって「奇跡」とまで評された東アジアのマクロ的高成長、あるいはそれを背景にした韓国のOECD加盟やASEM（アジア欧州会議）のスタート（いずれも1996年）などといった出来事は、第二次世界大戦後の国際社会に大きな課題としてのしかかり続けてきた発展途上諸国を中心とする貧困の緩和・解消に対して、世界的に一定の到達をなし得たかのような印象を与えた。だが、一日平均で1購買力平価ドルの所得・消費水準にも達しない人々は、この地球上になお12億人もいると報告されている[1]。算定手続きが異なっているために単純には比較できないとはいえ、同様の状況下に置かれた人々の数は1993年には13億1000万人であったと推計されていること[2]を踏まえると、世界の貧困状況はやや改善される傾向にあると言えなくもない。しかし、世界人口の少なくとも5人に1人がなお極度の貧困に見舞われているという厳しい現実から、私たちは依然として逃れることができないでいる。世界銀行は、1990年の時点で、2000年までに絶対的貧困人口は8億2500万人に、またその対総人口比は18.0％にまで減少するという見通しを明らかにしていたが[3]、絶対的貧困をめぐる状況は十分に改善されたとは到底言い難い状況が続いている。

　とはいえ、このような状況を国際社会が放置してきた訳では無論ない。実効性については評価が分かれるにせよ、貧困状態からの脱却に関しては実に多様な議論が展開され、またそれらに基づいて一定の政策的対応がなされてきたことは否

定できない。本章では、そうした従来の議論をレビューすると共に、貧困緩和・解消論に新たな地平を切り拓きつつあるとして近年注目されている人間発展 (Human Development) 論を取り上げ、従来の諸論との異同に留意しながらその特徴を明らかにしたい。

2. 貧困緩和・解消論の変遷と人間発展論への展開

　振り返ってみるに、発展途上諸国における貧困の緩和・解消は戦後国際社会にとっての一貫した課題であったが、そのためのアプローチは大きく変化してきた。その変化をおおづかみに整理してみるならば、次のようになろう[4]。

　まず、第二次世界大戦直後から1960年代後半にかけては、貧困問題は先進工業諸国と発展途上諸国の間の経済的格差として認識され、前者の平均的経済水準という観点から見た場合の後者全体を覆う貧困に注意が向けられた。貧困者というよりは貧困国の問題として対応策が、先進工業諸国による援助と密接に関連づけられながら検討されたのである。そこでは、従って、発展途上諸国内の相対的富裕者も相対的貧困者も明確に区別されることなく、同様に関心の対象になっていたのであり、マクロ的な経済成長を通じて平均的な生活水準をいかに実質的に上昇させるのかに、腐心がなされた。

　こういったアプローチに対しては、冷戦による方法的倒錯を背景にした実質上の「貧困への無関心」であったとの評価があるが[5]、発展途上諸国内の貧困現象を画定した上での直接的対策にではなく、経済成長あるいはマクロ的生産力拡大を通じての間接的手段に関心が向けられた背景については、次の四点を指摘しておきたい。第一に、技術的な背景として、後にふれる点でもあるが、貧困層を画定するための統計的資料が十分ではなかったことがあげられよう。国単位での人口や生産、消費などの規模に関する統計の整備が先行する一方、国内の格差構造を明らかにするデータの作成・整備は大幅に遅れていた。

　第二に、冷戦イデオロギーに関連する点として、貧困は共産主義の温床との認識の下、発展途上世界における共産主義勢力の伸張に対する対外的対内的歯止め

として強力で自立的な国家権力を擁立することが必要とされ、その基盤としての「国富」の増大が優先された点を指摘できよう。この論理は、内容的には乏しかったにも拘らず、先進工業諸国の対外政策形成には大きな影響力をもった。

　第三点は、発展途上世界の貧困対策として先進諸国が直ちに着手可能であった方法に関係している。「着手可能な療法から導き出される診断」によって、貧困への認識が歪められてしまったのである[6]。それは、資本と技術の供与であるが、前者なくしては後者の移転も意味をなさないという認識から、資本供与の量的増大が貧困問題を解決するという理屈が強められた。さらに、これをハロッド＝ドーマー流のマクロ成長論が支えたことは多言するまでもない。

　最後に、第四点目として、非白人に対する個人主義的貧困観の継続が指摘できるかも知れない。周知のように、欧米社会では、19世紀末から20世紀初頭にかけて、個人主義的貧困観から社会的貧困観への転回が見られたが、それは白人を主に対象としたもので、非白人に対する個人主義的貧困観はなお払拭されていなかった。このような認識を背景にして、発展途上諸国の貧困が個人的問題に還元され、社会的に取り組むべき課題であるという認識が弱かったというのが、ここでのポイントである。

　ところで、戦後初期のこうしたアプローチに関して、そこではいわゆる均霑（trickle-down）効果の認識が支配的であったとの指摘がしばしばなされてきた。つまり「GNPや一人当たりの所得の全体としての成長から得られる急速な利益は、就業機会その他の経済的機会という形で大衆に対して自動的に還元されるであろう」[7]という想定が、経済成長を志向するアプローチに組み込まれていたというのである。この指摘によれば、経済成長がもたらされれば貧困問題は自動的に解消されるとこの時期には考えられていたということになるが、しかし、そのような理解は実体的根拠に乏しい、つまり均霑効果概念を明示的に用い、かつ理論的にきちんと組み込んだ形で経済成長論を展開していた論者が見当たらないという主張もある。例えば、Arndtによれば、発展途上国経済に関連して均霑という表現が最初に用いられたのは、1953年のViner論文においてだが、そこでは、それが第三者が主張するという形で言及されており、しかもその第三者が特定さ

れていないという。むしろこの概念に関心が向けられ多用されるようになったのは1972年のGrant論文以降であるとし、戦後初期の発展途上国経済に関わる研究者が明示的に均霑論を展開していた訳ではなかったこと、初期の成長主義的議論が後に再検討される中で、つまり主に1970年代に成長主義見直し論者によって初期の議論が批判される際に、そこで均霑効果が措定されていたという形で言及されるようになったことを、同氏は指摘している[8]。

　ここでは、実体的根拠の有無を実証的に検討するだけの余裕がないので、均霑効果認識の存在については留保せざるを得ないが、いずれにせよ、戦後初期の段階では、貧困問題は先進工業諸国と発展途上諸国の間の経済的格差の観点から主に認識され、後者の経済成長をいかに促進するのかに貧困緩和・解消の鍵があると考えられていたという点だけは確認しておきたい。

　さて、戦後直後には発展途上諸国についてはマクロ経済データすら十分には得られない状況があったが、1960年代後半までには、発展途上諸国内の経済的格差に関するデータをも含めて一定の統計的整備が進められていた。そして、そのようなデータから、経済成長が見られた地域でもその成果が必ずしもすべての構成員に等しく分配されてはいないことが、1970年代初めにかけて明らかにされるに及んで[9]、貧困者・階層を直接にターゲットにした対策の必要性が謳われるようになった。所得分配の悪化などを通じて相対的貧困状況が深刻な問題になっているだけでなく、相対的貧困の中に生存維持ぎりぎりの状態での生活を余儀なくされた絶対的貧困者が多数存在することが統計的に明らかにされた段階で、アプローチの根本的な転換が進められたのである。

　なかでも、国際社会の中に急速に広まっていったのは、Basic Human Needs（BHN）重視のアプローチであった。ここで、BHNとは一般に、①家族の私的消費のために最低限必要とされる衣食住および家財道具・サービス、②社会によって社会のために供給される不可欠の公共的サービス（上下水道設備、公共輸送設備、保健衛生・教育施設など）、の二つの物質的要素、および③人権、雇用機会、決定過程への参加、といった非物質的要素から構成されると考えられていた[10]。絶対的貧困者をターゲットにして貧困問題の緩和・解消をはかろうとする場合に、

絶対的貧困者を公的措置・政策の一方的受益者として考えるだけでなく、経済成長への貢献者としても位置づけようという発想が、そこには含まれていたと言える[11]。

だが、BHN論は、発展途上諸国自身の発展戦略よりもむしろ国際機関や先進諸国による援助政策と結びつけられて展開されたために、実際には上の①と②に専ら収斂する傾向を強め、③の側面を貧困緩和・解消に結びつける理論的政策的枠組みについての考察は、おろそかにされがちであった。この経緯と背景は、さらに次のようにも説明できよう。BHN論の登場・展開は、周知のように、ILOや世界銀行、さらにはアメリカ政府の援助政策転換によるところが大きかったのであり、この意味において、絶対的貧困問題を抱えていた発展途上世界自身にとって"内発的な"アプローチではなかった。そこには、むしろ、西欧先進資本主義諸国を中心に当時展開されていた成長主義見直し論や福祉国家思想（特にベヴァリッジ流のナショナル・ミニマム論）が色濃く影を落としていたのである[12]。こうした議論や思想は、先進資本主義の歴史的展開過程の中で生成・展開されたすぐれて歴史的地域的な規定性が大きな内容を有するものであったが[13]、それにも拘らず発展途上諸国へのいわば機械的・無条件的適用が1970年代前半にかけて構想された結果、BHNの持続的充足を可能にする内在的構造的条件に最も関係があると考えられる③をめぐっての議論は深められず、公共福祉政策によって短期的に実行が可能な①と②を中心にして、実際のBHN論は展開された。

ところで、BHN充足は国家の公共福祉政策を通じてなされなくてはならないし、またなし得るとだけ考えられるようになっていたとすれば、発展途上諸国政府のBHN論への理解と賛意が伴わなくては、その現実化は難しいということになろう。別言すれば、BHN論は発展途上諸国政府サイドの不賛意と共に衰退し得る運命にあったということだが、実のところ、1970年代後半に発展途上諸国の政府が一斉に反発を強めるに及んで[14]、BNH論は急速に影を潜めていくことになる[15]。

その後1980年代半ばにかけては、貧困問題への取り組みは低調であった。世界銀行の1980年版の*World Development Report*が「貧困とHuman Development」

という特集を組むという例もあったが、アプローチの新たな展開が見られなかっただけでなく[16]、貧困問題への関心自体が希薄な時期であった。その背景としては、まず第一に、オイルショックを契機とした世界的な同時的不況があげられる。既述のように、1970年代後半までの貧困緩和・解消アプローチは、いずれにせよ先進工業諸国の援助政策と密接な関わりがあったのであり、その当事者が経済的不況に見舞われるに及んで、外界での貧困緩和・解消に関心を向ける余裕がなくなった。

　第二に、この点とも関連することだが、不況に伴って先進工業諸国内で福祉（政策）のあり方に対する考え方が大きく変化した点が関係している。先進工業諸国では、福祉国家化の過程でナショナル・ミニマムを超えて福祉の多様化が進み、福祉行政の肥大化と国家財政負担の増大が1970年代半ばまでには大きな問題となっていた。こうした困難に拍車をかけたのが石油危機だが、その結果、1980年前後には「福祉国家の危機」が叫ばれるようになり、以後市場主義的な思潮が高揚した。そのような中で、援助政策にもそうした市場主義的思考が影を落とすようになったのである。1980年代における援助政策の展開を特徴づけるのは言うまでもなく「構造調整」であるが、この考え方が浸透した直接的な契機は、同時的不況を背景にした発展途上諸国の債務問題の深刻化に求められる一方、考え方のベースは、同時的不況と一部の後発諸国による追い上げの中でいかにして自国経済の構造変革を進めるのかという先進工業諸国自身の課題に密接に関係していた。先進工業諸国における市場主義的思潮の台頭とそれに基づいた経済構造の再編が援助面にも投影され、構造調整への取り組みの強化と貧困への直接的関心の低下をもたらしたのである。

　構造調整政策は、資源の非効率的配分の是正という点で確かに一定の成果をもたらしたのかも知れない。だが、他面において、それは所得分配の悪化などを通じて貧困層をいわば切り捨てる結果を招いた。この点については、構造調整政策を推進してきた世界銀行自身が、*World Development Report*の1990年版の特集テーマを「貧困」とし、1980年代が貧困層にとっての「失われた十年」であることを認めたことを指摘するだけで、さし当たって十分であろう[17]。

ともあれ、1980年代後半から90年代初めにかけて、構造調整政策のこうした帰結に対する問題認識が高まると共に、貧困緩和・解消への問題関心が呼び戻されることになった。しかも、貧困を発展途上世界に限定された現象としがちであった従来の認識とは異なって、今度は、先進諸国をも含めて世界的に貧困が深刻化しつつあるとする認識の下にである。この認識上の変化は、何よりも、経済構造の市場主義的再編によって、先進世界でも失業や福祉削減に起因した貧困が深刻になっていることを示すものであった。こうして、援助政策に密接に関連づけられて展開されてきた貧困緩和・解消論は、いまや一般的妥当性を志向する形で、別言すれば、発展途上諸国のための経済学や援助論の一分野としてではなく、発展論に不可欠の分野としての定置を求める形で展開されるようになった。

　ところで、この時期の貧困緩和・解消アプローチは、大きく次の二つに区分できよう。第一は、むしろ構造調整をはじめとする市場主義的政策を基調としつつ、それによって解決できないタイプの貧困問題に補足的な手段で対応しようというアプローチであり、二つ目は、貧困緩和・解消の基本的視点を人間に据え、「人間を中心にした発展」あるいは「人間の発展」を提起しようというもので、市場主義的政策との対立色がより強いアプローチである。いずれも構造調整政策への問題提起を直接的にであれ、間接的にであれ契機にしていたという点では共通しているが、前者は構造調整政策を推進した当事者、特に世界銀行を中心に推進されたのに対して、後者は、主としてそうした機関の外部で展開された。

　前者の具体例を、ここでは前記の1990年版 *World Development Report* に沿って見てみたい。同報告は、貧困を克服するための方策には二つの要素、すなわち労働力の生産的利用と基礎的社会サービスの提供が不可欠であるとした上で、前者のためには、市場インセンティブ、社会・政治制度、インフラストラクチャー、技術を方向づける政策が必要であるとする。この前者の内容が機会の提供に相当するとするならば、後者は、提供された機会から利益を受けるための（貧困者の）能力向上を志向する内容のものと言えよう。具体的には、基礎保健、家族計画、栄養および初等教育が特に重要だとしている。だが、これら二要素からなる政策が実施されたとしても、なおそこから利益を受けられない人々が存在する。老齢

者や病弱者、資源に乏しい地域に住む人々などであるが、そうした人々に対しては、まずは適切に対象を絞り込んだ上で、所得移転とセーフティネットのプログラムを実施する必要があるとしている[18]。こうして、世界銀行の考え方は、調整を伴う経済再編を基礎戦略とする一方、対貧困戦略をこの基礎戦略と矛盾しない範囲で所得移転とセーフティネットに限定して実施するというものであったことが知られる[19]。

　これに対して、後者のアプローチの例としては、1986年に国連総会で採択された発展の権利宣言に集約して示されている「人権としての発展の権利」論や、Senのエンタイトルメント＝ケイパビリティ論、UNDP（国連開発計画）を中心とする人間発展論が代表的と言える。これらはいずれも、貧困問題の原点に立ち返って貧困緩和・解消に向けての従来のアプローチのあり方自体を問い直す契機を含んでいる。1970年代前半までの諸論や上の第一のアプローチが終始した公共政策の重要性は認識しつつも、一時性、機会主義に陥りがちな慈善や救済に終わることのない、持続的な貧困緩和・解消の枠組みやメカニズムを、人間中心の観点から構想しようという試みであると言えよう。あるいは、BHNのもともとの内容には含められていたが、議論や政策の実際の展開において殆ど顧みられることがなかった、貧困者を貢献者としても位置づけ、その社会への参加（participation）や統合（integration）を通じて貧困の緩和・解消を進めるというアプローチの深化をはかろうとしたものである、とも評価できるであろう。

　いずれも十分な紙数を割いて検討すべき内容を含んでいるが、前二者は人間発展論の生成と1990年代における展開に大きな影響を及ぼした、従ってそれらのエッセンスは人間発展論に看取できる、と考えられるため[20]、ここでは人間発展論に限定して以下の行論を進めたい。

3．人間発展論の内容と問題点

　周知のように、1990年代における人間発展論の最も強力な推進者はUNDPであり、その考え方は、同機関が毎年刊行している *Human Development Report* に

示されている[21]。従って、ここでも、主に同レポートに基づいて人間発展論の内容と特徴について考察したい。UNDPによる人間発展論の原型は、1980年代半ばにはできあがっていたと考えられるが[22]、そこに含まれる概念内容が明確な形で公にされるのは、その創設40周年（1990年）を機に刊行された最初の *Human Development Report* においてであった。この1990年レポートでは、全体にわたって人間発展の概念と測定方法が明らかにされているが、それによれば、まず人間発展とは「人間の選択肢を拡大する過程」であるという。そして、選択肢は無限で、かつ時間と共に変化し得るものであるが、健康で長生きの生活、知の獲得、見苦しくない生活水準に必要な資源へのアクセス、の三つは最も本質的な構成要素であるとする。別言すれば、これらは人間発展にとっての必要条件ではあるが十分条件ではなく、これらを踏まえた上で選択肢の追加による人間のケイパビリティの増大がはかられる過程が、人間発展として把握されている、ということになろう。その上で、その過程には「人間のケイパビリティの形成」と「獲得されたケイパビリティの利用」の二つの側面があるとし、例えば、前者には健康状態の改善や知識の拡大が含まれ、また後者の例としては仕事やレジャーがあげられる、という[23]。

　こうしたアプローチは、レポート自体が解説しているところでもあるが、かつての人的資本論あるいは人的資源開発論、福祉社会論、またBHN論のいずれとも異なっている。まず、人的資本論あるいは人的資源開発論は「人間を目的としてよりは主に手段として見」ており、こうした「商品生産拡大の道具としての人間観の下に、供給サイドだけに関心が向かっている」。また、福祉社会論は「発展過程への参加者としてよりは、その受益者として人間を見て」おり、「分配政策を強調している」。他方、BHN論は「剥奪された人口集団が必要としている財・サービスの集合を強調して」いて、「人間の選択の問題よりもそうした財・サービスの供与に焦点を当てている」。これに対して、人間発展論は「生産」、「分配」、「人間のケイパビリティの拡大と利用」の三者を統合したものであり、「基礎的ニーズの充足だけではなく、参加型のダイナミックな過程としての人間の発展に関心を抱いている」[24]。

前節でBHN論について検討した限りでは、この最後の論点をそのまま受け入れることは難しい。つまり、BHN論は、むしろ先進諸国や国際機関による援助に適用される過程で静態的な（従って"非人間的な"）議論に収斂していったと見るべきであり、当初の考え方の中には動態的な認識も含まれていたと言える。その意味では、BHN論の現実の展開の中で軽視された動態的側面が、人間発展論によって再び取り上げられたと見る方が妥当であろう。

　さて、以上が、UNDPによる人間発展の捉え方であるが、問題は、それを可能にする枠組みやメカニズム、あるいは構造的条件がどのように考えられているのか、という点である。前節でふれた「人権としての発展の権利」論の1990年代にかけての展開等を念頭に置けば、人間の発展を考える、あるいは人間を発展の中心に据えることを出発点とすることは、当然であるとすら言える。しかし、人間が独りで発展できないことは自明であり、社会的存在としての人間の発展を可能にする社会的条件は何かということが、考えられなくてはならない筈である。人間発展論に大きな影響を及ぼした「人権としての発展の権利」論やエンタイトルメント＝ケイパビリティ論では、この点は十分に詰められてきたとは言えないが[25]、果たしてUNDPの人間発展論の場合はどうか。ここでは、主に同じ1990年版および1993年版のレポートを手がかりにして、この点についての見解を整理してみたい。

　1990年版のレポートでは、1990年代の人間発展戦略について一章が割かれているが、そこでは、まず政策手段の望ましい方向性として、公正を伴った成長、すべての人々のニーズの充足、格差の是正、参加型開発の奨励、民間イニシアティブの促進を掲げた上で、それらのための具体的手段について言及がなされている。そして、どのような手段の組み合わせが適切かは経済が置かれた初期状況によって異なるとして、各国を五つのカテゴリーに区分し、それぞれの場合について優先すべき政策が列記されている。一方、その次には、こうした相違にも拘らず世界的に達成すべき目標を定めることの重要性を指摘した上で、児童死亡率、小学校就学率、成人識字率などについて2000年までに達成すべき目標が具体的に設定されている。そして、このような世界的目標に到達するための国別プラン

を作成するための五段階に及ぶ手順が説明され、それに必要な資金をどのようにして調達するのかに焦点を移していく。そこでは、資金調達の工夫が追加的財源の開拓と既存の財政支出パターンの見直しから検討されている。そして、最後には、援助、債務、国際貿易などの観点から、各国が人間発展志向の政策を進める上での対外的環境の現状が分析されると共に、援助供与国に対する提言がなされる、という形でしめくくられている[26]。

以上に指摘できるのは、人間発展は基本的には政府の政策を通じて実現できるという見方であろう。望ましい政策の方向性の一つとして参加型開発が掲げられてはいるが、それも「人間発展に対する政府の介入に反対」する趣旨のものではなく、逆に「注意深く策定された政府の政策と計画に依存している」としており[27]、こうした基本線がそこでも維持されていることが分かる。参加については、1993年版のレポートが特集を組んでいるので、次にはその内容を見ながら、この論点を改めて検証したい。

*Human Development Report 1993*では、人間発展は「人々の、人々のための、人々による発展」であることが確認されている。そして、「人々の」発展は、「人間のケイパビリティへの投資」を通じて「人々が生産的創造的に働くことができるようになること」を、また、「人々のための」発展は、「人間のケイパビリティが生み出す経済成長が広範にかつ公正に分配されること」を保証することを、それぞれ意味し、これらの側面については1992年版までのレポートで内容がかなり具体化された、とする。これに対して、残された最後の側面が1993年版レポートのテーマであるが、「人々による」発展とは、「すべての人々に参加の機会を与えること」として考えられるという。それでは、どのような形でこのことを進めようとしているのであろうか。

まず、参加は市場を通じて最も効率的に実現できるとし、具体的には「生産的、報酬のある雇用へのアクセス」である、とする。ところが、世界的には「雇用なき成長（jobless growth）」が続いているので、これを是正するための政策が必要であるとして、その具体的な方向性が七つにわたって言及されている。次に、国家か市場かという従来の対立的二分法を捨てて、人間発展を目的とする観点から、

むしろ共に手段として考えられる両者の関係を再定式化することが必要であるとした上で、「人間に親和的な (people-friendly)」市場を創造することが必要である、とする。そして、そのための前提条件として、人々が市場機会から利益を得ることができるように教育・衛生状態の改善と生産的資産の合理的分配をはかること、すべての人々に市場機会が開放されるような状況を政策的につくり出すこと、および物的インフラストラクチャーの充実や情報の自由で迅速な伝達、透明な取引を保証するための法制度が必要である、とする。また、市場をできるだけ自由で効率的に機能させるための付随条件としては、マクロ経済環境の安定化——国内価格と為替レートの安定、包括的なインセンティブ・システムなど——があげられている。そして、このような環境づくりのための政策的努力が実らなかった場合にのみ、国家の直接的介入を認め得るとする一方、市場から完全もしくは部分的に排除されている人々（幼児や高齢者、障害者など）を対象とした社会的セーフティネットも必要であるとしている[28]。

さて、以上により、参加＝市場へのアクセスと考えられていること、そして、国家には市場環境を整備する存在として重要な政策上の期待が寄せられていることが読み取れるが、このような認識は、構造調整の文脈の中で世界銀行を中心に採用されてきた「市場に親和的な (market-friendly)」政府論（いわゆる市場（機能）補完アプローチ）と相通ずる面が少なくないと考えられる[29]。

ところで、参加をめぐっていま一つ提起されている論点は、国家権力の分権化である。1993年版レポートは、「人間に親和的な」市場論のすぐ後で「国民国家は、大きな事項を扱うには小さすぎるし、小さな事項を扱うには大きすぎる」とした上で、この後段の不都合を解消するために、地方さらには民衆組織、NGOへの権限委譲の重要性に言及している。そして、とりわけ、民衆組織やNGOの役割が高まりつつある状況を重視している。但し、注視されるのは、そうした組織が最貧困層への到達や緊急援助などの分野で効果的であることを認めつつも、「政府を補完することはできても、それを代替することは決してない」ともしている点である。分権化やNGOの登場は人々による参加を拡大する強力な過程ではあるが、「それらも、国家ガヴァナンスの全体的枠組みが——真に民主的で参

郵便はがき

料金受取人払

京橋局承認

3315

差出有効期間
平成15年4月
24日まで

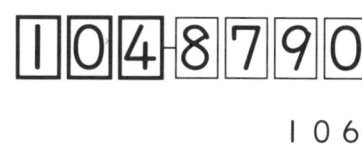

106

東京都中央区築地7-4-4-201

築地書館 読者カード係 行

購読申込書

このはがきを当社刊行図書のご注文にご利用下さい。
より早く、より確実にご入手できます。

(書名)　　　　　　　　　定価　　　　(　)部

(書名)　　　　　　　　　定価　　　　(　)部

(書名)　　　　　　　　　定価　　　　(　)部

なまえ　　　　　　　　TEL.

すまい

ご指定書店名 (書店名を必ずご記入下さい。)	取次	(この欄は当社で記入します。)
TEL		

●築地書館愛読者カード

ご愛読ありがとうございます。出版という仕事は、わたくしたちの生活に光と暖かさをいだかせる灯にも似たものでありたいと思います。当社の出版も、そうありますように、みなさまがたのご指導とご支援をたまわりたくこのカードへのご協力をお願いするしだいです。

書物名

月ぎめでお読みの 新聞、雑誌名	お求めの 書店名

お買い求めの 動機	新聞広告	雑誌広告	書評(紙誌名　　　　)
	書店	人の話	その他(　　　　　　)

本書についてのご感想、当社へのご希望など

おなまえ (ふりがな)	男 女	年齢

おすまい
(〒　　)

Eメールアドレス：

お勤めさき
学校

加型のものへと——変化する場合にのみ効果的であり得る」というのである[30]。

こうした分権化論を、先の「人間に親和的な」市場論と重ね合わせてみると、市場環境の整備者としては中央政府だけでなく、地方政府や民衆組織、NGOも重要であるが、それらの諸活動はあくまでも中央政府が相互調整者としてあるような国家の枠組みの中で有効である、ということになろう。従って、中央と地方、民衆組織・NGOの間での、中央政府を中心とした協力関係が重視されることにもなる。こうして、参加は、政府とその政策を中心として設定された枠組みへの参加という次元で考えられていると言えるのであり、参加はそれ自体がダイナミックな過程であるとの記述があるにも拘らず、例えば参加の枠組み自体を設定する過程への参加は、考慮の外に置かれているように見受けられる。「人々による」とは言うものの、結局は国家政府や公共政策への大きくかつ安易な依存を免れていない、別言すれば、主体形成と社会的枠組みに関する考察がおろそかにされている、と言えるだろう[31]。

ところで、このような国家とその公共政策の重視という視点は、その後の *Human Development Report* でも一貫している。「人間の安全保障」の観点から、軍事支出の削減による平和の配当を人間発展のための財政資金に充当することに焦点を当てた1994年版や、マクロ成長を人間発展に結びつける経路を雇用機会拡大政策を中心に考察した1996年版のみならず、ジェンダーによる格差をテーマにした1995年版も貧困に焦点を当てた1997年版も、扱う問題がいずれもすぐれて主体や社会に関係しているにも拘らず、議論は中央政府の政策を中心に展開されている。

この論点に関連して、人間発展指数（HDI：Human Development Index）も国家単位の平均値として算定されている点を提起したい。人間個人を基点にした議論においてどうして国家単位のデータを用いた評価が可能なのかについては、これまでのレポートでは全く不明である。人間発展は国家という枠組みの中で公共政策や開発計画への参加を通じて実現されるという想定が、暗黙の了解事項になっているからであろう[32]。

UNDPの人間発展論がなぜ「人々による」の側面に関する議論の枠組みをこの

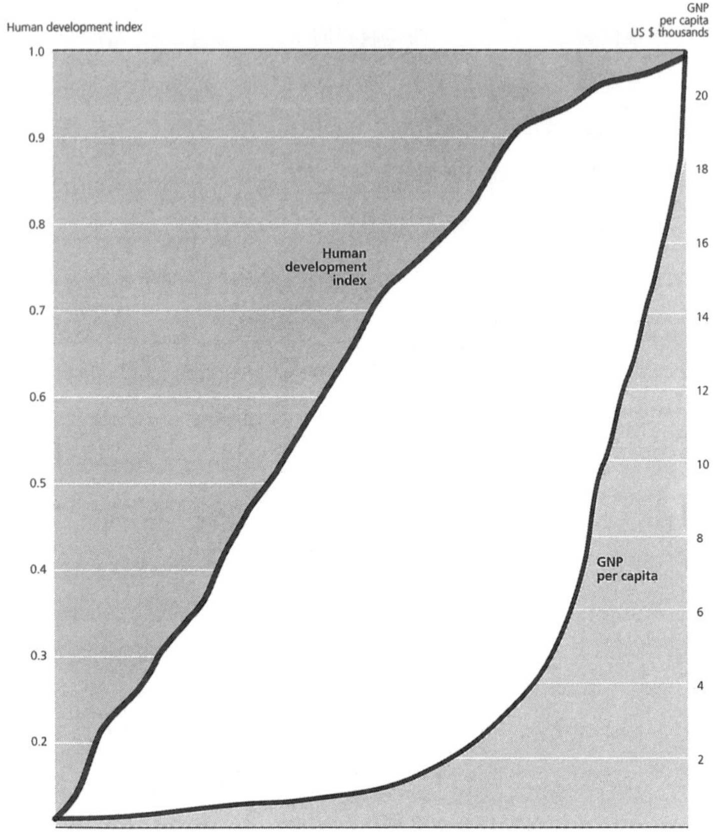

最初の *Human Development Report* には、表紙を含めて、左図のようなロゴが掲載されているが、その基礎になっているのは、同レポート15頁に掲載されている上の図である。世界の130カ国を対象にしたこの図は、国民一人当たりのGNPとHDIについて、それぞれに最下位（130位）の国の水準から最高位（1位）の国の水準までを左下から右上へ伸びる線で描いている。二つの線によって示されているのは、一人当たりGNPについての格差ほどにHDIの格差が大きくなく、人間発展の程度は一人当たりGNPの水準には直接関係がないという点である。この点から、さらに、所得が増大しなくては人間発展がもたらされないというのではなく、所得水準が低くても人間発展は可能だということ、また、その際に鍵になるのは人間発展を目的にした公共行動であろうということが言えよう。

ように限定しがちなのかについては、明確なことは指摘できないものの、もともと次のような認識が強かったことが大きく関係していると推測される。それは、最初のレポートで強調されていた点でもあるが、高成長を遂げた国でも人間発展がなお不十分な国があるかと思えば、GNPの規模は大きくないのに人間発展の点で大きな進展を見せている国もあり、人間発展は結局好ましく構成された公共支出を通じて達成可能である、というものである[33]。その1990年版レポートの表紙には、人間発展と所得の二つの面での国別格差をそれぞれグラフ化して比較した図が掲載されているが、その図から読み取れるメッセージは、後者の格差に比較して前者の格差はかなり小さく、人間発展と国民一人当たりの平均所得の間にはいかなる自動的なリンケージも存在しない、というものである（前頁の囲みを参照）。別言すれば、人間発展の達成は国民所得や人口規模の大小ではなく、政府の役割・政策次第であると言わんとしていた訳であるが、まさにこうした認識をUNDPの人間発展論は出発点としていたと言えるだろう。

4．おわりに

　以上のように、人間発展論は、「人々の、人々のための」の側面についてはこれまでの議論を大きく前進させる成果を生み出した一方で、「人々による」の部分に密接に関わる主体形成と社会的枠組みの問題への取り組みという点では、なお十分ではないと言える。

　UNDPの*Human Development Report*オフィスによれば、1992年にバングラデシュとカメルーンで人間発展に関するナショナル・レポートがとりまとめられたのを皮切りに、今日までに120以上の国で400を超える国単位でのレポートが刊行されてきたという。2002年5月20日に21世紀最初の独立国となった東ティモール民主共和国も、早速に同種のレポートを刊行した。UNDP自身も、ナショナル・レポートの編纂・刊行が人間発展の実質的進展に貢献するとの認識を背景に、そうした動きを奨励する方針を明確にしている（2000年1月）[34]。各国が人間発展への取り組みを考える契機となっているという意味で、そのような形でのレポー

トの編纂・刊行が少なからぬ意義をもっていることは否定できない。だが、そうした作業の殆どは、国家（中央政府）主導でなされているのが現状であり、人間発展に配慮した国家的開発／発展のあり方が模索されるにとどまっている。「人々による」発展を展望する作業には全くなっていないと言える。

　この点に関連してさらに付言したいのは、ナショナル・レポートの編纂・刊行に熱心であることが、人間発展の面での成果につながっているとは必ずしも限らないという点である。周知の通り、*Human Development Report 2001* の第1章には、1999年時点でのHDIが過去と比較して悪化しているケースがまとめられている。例えば、1990年と比較して悪化している国は8ヵ国あるとされているが、その多くでは、ナショナル・レポートが頻繁に編纂・刊行されていた[35]。そうしたケースでは、人間発展戦略として国家によって考えられてきたものが実行に移されてこなかったことがそうした結果につながっているという面を確かに否定できない。しかし、そもそも国家戦略・政策によって人間発展がどこまで可能になるのかという問題を考える必要があることも、同時に提起されていると言えよう。

　ところで、1995年3月にコペンハーゲンで国連社会発展サミットが開催されたのを契機に、いわゆる社会発展（Social Development）論が新しい貧困緩和・解消アプローチとして注目されている。そして、筆者の理解では、この社会発展論は「人々による」発展を主要テーマとし、その議論には人間発展論を補完し得る内容が含まれている、と考えられる。そこで、次章では、社会発展論の概要にふれつつ、それが人間発展論と呼応し合って「人々の、人々のための、人々による発展」論をいかに進展させようとしているのかを検討してみたい。

【注】
(1) United Nations et al., *2000: A Better World for All*, pp.6-7. なお、この数字は1998年時点でのものである。
(2) United Nations, *1997 Report on the World Social Situation* (E/CN. 5/1997/8 (Part II)), pp. 14-15.
(3) World Bank, *World Development Report 1990*, ch. 9.
(4) ここでは、マルクス主義的議論には言及しないが、その理由は、執筆段階で、マルクス主義的観点からの貧困緩和・解消論のサーベイがなお十分ではなかったという点に求められる。但し、このことについてはさらに二つの側面がある。第一は、言うまでもなく、渉猟した文献の範囲が十分ではなかったという面である。第二は、マルクス主義的観点からの貧困緩和・解消論がそれほど多くはなかったという面である。マルクス主義的議論は、どちらかといえば、貧困化あるいは従属化の過程やその原因の分析、解明に努めてきたといえ、その緩和・解消に関しては、いわゆる"国家的"自力更生（国家による集団化と対外的デリンキング）以外に主だった議論は展開してこなかったように思われる。
(5) 毛利健三『イギリス福祉国家の研究』（東京大学出版会、1990年）、142～144頁。
(6) John K. Galbraith, *The Nature of Mass Poverty* (Harvard University Press, 1979), ch. 2〔邦訳／都留重人（監訳）『大衆的貧困の本質』（TBSブリタニカ、1979年）〕．
(7) Michael P. Todaro, *Economic Development* [6th ed.](Longman, 1997), p.725．なお、同書は、1977年の初版以来改訂が重ねられている「発展途上諸国のための経済学」のテキストとして定評のある書物であるが（但し、書名は第4版までは *Economic Development in the Third World*）、初版以来、末尾のGlossaryにTrickle-down theory of developmentを解説すべき基礎用語として掲げ続けている。均霑効果概念が組み込まれていたという指摘については、他にCharles P. Oman & Ganeshan Wignaraja, *The Postwar Evolution of Development Thinking* (St. Martin's Press, 1991), pp. 15-16, 24を参照。
(8) Heinz W. Arndt, "'The Trickle Down' Myth", in Heinz W. Arndt, *50 Years of Development Studies* (National Centre for Development Studies/Australian National University, 1994), ch. 20（この論稿はもともとは *Economic Development and Cultural Change* 誌に1983年10月に発表）．なお、周知のように、Albert O. Hirschmanは、発展途上諸国のための経済学の展開に大きな影響を与えたその著 *The Strategy of Economic Development*（Yale University Press, 1958）〔邦訳／麻田四郎（訳）『経済発展の戦略』（巌松堂出版、1961年）〕の第10章において、trickle-down（「浸透」と邦訳）効果という概念を用いているが、その内容は注

(7)に掲げた文献で想定されていたとされているものとは異なっている。つまり、Hirschmanは、一国内の「経済成長が行われている地域」の「あとに取り残される地域」への「好ましい反作用」を示す概念としてそれを用いているのであって（同書、邦訳、328頁）、例えばMyrdalの波及効果（spread effects）概念と対比され得る内容をもつものであった（同書、邦訳、332〜333頁（脚注5a）の他にAlbert O. Hirschman, *Essays in Trespassing* (Cambridge University Press, 1981), pp. 1-24をも参照）。上記のArndt論文では、Hirschmanのtrickle-down概念には全く言及されていないが、その理由も概念内容が違うからであろうと推測される。

(9) この時期に、発展途上諸国内の経済的格差を包括的に分析したものとしては、I. Adelman & C. T. Morris, *Economic Growth and Social Equity in Developing Countries* (Stanford University Press, 1973)〔邦訳／村松安子（訳）『経済成長と社会的公正』（東洋経済新報社、1978年）〕およびH.B.Chenery et al., *Redistribution with Growth* (Oxford University Press, 1974) が最も知られている。また、これらを含めた経済的格差に関する実証的研究の1970年代初めの動向については、C. P. Oman & G. Wignaraja, op. cit., pp. 112-115を参照。

(10) BHNの内容については、例えば、ILO, *Employment, Growth and Basic Needs: A One World Problem* (ILO, 1976), p. 3を参照。

(11) BHN重視の貧困緩和・解消のアプローチについては、植松の簡にして要を得た説明が参考になる。それは、「発展途上国内の絶対的貧困層を対象として、一方で彼らの生産と労働の環境を整備すると共に、他方で彼らの生活上の基本的ニーズ（BHN）を供給するという二正面作戦を展開することによって、絶対的貧困を撲滅すると同時に、貧困層の潜在的活力に依拠して経済発展を図ろうとする」ものであり（植松忠博『地球共同体の経済政策』（成文堂、1985年）、60頁）、「『下から』支えられること、つまり国家開発計画が地方分権化し、地域の実情を把握すること、及び絶対的貧困層自身が地域の開発計画のなかに積極的に参加することが重要」であるという意味で「『上から』の国家の福祉政策との明確な相違がある」（同書、62頁）というものである。

(12) この点に関連して、Arndtは「1970年頃の西洋の開発経済学者の間でのGNP廃位論は、発展途上諸国に関する統計に基づく証拠から導き出された不可避の結論というよりは、先進諸国自身における社会的危機——若者の間での疎外や反逆、高齢者の間に見られる不信や苦難——を反映するものであったとの結論に抗することは難しい」と指摘している（Heinz W. Arndt, *Economic Development: The History of an Idea* (University of Chicago Press, 1987), p. 108）。

(13) 例えば、ナショナル・ミニマム論などの形で展開されてきた社会保障論の基礎を

なしているのは社会権の考え方であるが、その生成には、19世紀末から20世紀初頭にかけての資本主義的発展の過程で失業問題が深刻化したことが密接に関係していた。社会権が当初は何よりも労働権（right to work）として把握されていたのは、この点を端的に示している。そして、その後第二次世界大戦中にかけて、社会保障の対象が労働者からすべての人々にまで拡大し社会権の普遍化が進められる中で、その内容も衣食住、医療、教育などに広げられたのである。ちなみに、こうした社会権の内容変遷の名残りは、今日でも、例えば社会権に関する国際人権規約（いわゆるA規約）に看取することができる。同規約では、第三部（第6条～第15条）で実体規定がなされているが、その最初に位置づけられているのは労働基本権に関わる諸権利であり（第6条～第8条）、衣食住、医療・保健、教育がこれに続く形で配列されている。

　一方、「人権の世代」論が述べているように、近代国家成立以降の資本主義的発展の展開過程で生成した社会権（第二世代の人権）は、自然法的国家以前的な自由権（第一世代の人権）とは対照的に国家による積極的行為を前提とした人権概念である。そして、その背景には、資本主義的発展によって国家と社会の中間に位置していた伝統的組織が解体されたために、労働者と資本家（企業）の間に入ってこれを仲介するエージェントを国家以外に求め得ないと考えられていたことが関係している。

　こうして、社会権は、先進工業諸国の発展過程に歴史的に条件づけられて生成・展開してきたことが知られる訳だが、その現代の発展途上諸国への適用に関しては、以上のような歴史的条件を考慮した場合に、少なくとも次の二つの点に留意が必要であると思われる。第一に、発展がいずれにせよ企業によって担われていた先進工業諸国の場合とは異なって、発展途上諸国の開発／発展の推進主体は国家がなお大きな比重を占めている。このことは、発展途上諸国の国家には仲介エージェントとしての側面が希薄なこと、つまり、国家と労働者あるいは人間個人との間には、社会権の剥奪が起こり得る関係が最初から存在していたということを意味しよう。公共政策によるBHN充足は、従って、こうした国家主導の開発／発展の枠組みに抵触しない範囲に限定されるという限界をもっていた。BHN論の③の側面が現実の展開過程で脱落していくのも、この点に関わっていると言える。

　第二は、一方で国家と個人の間に位置する伝統的中間組織がなお様々な意味で機能しており、他方では脱国家的な民衆組織のネットワークが形成されているという現在の状況の下で、社会権の保障が国家による積極的行為を前提にしなくても済む条件が成熟しつつあるのではないか、という点である。

(14) 発展途上諸国政府のBHN論に対する批判は、BHN重視によってNIEO（新国際経済秩序）への対応をおろそかにしている、発展途上国側の優先事項と必ずしも合致せず、結果的に内政干渉につながる可能性が高い、などが主要な論点であったが、詳しくは、西川潤『南北問題』（日本放送出版協会、1979年）、190～200頁、植松忠博「基本的ニーズ戦略の意義と展望（II）」『岡山大学経済学会雑誌』第12巻、第4号（1981年）、69～108頁を参照。なお、研究者サイドからのBHN論批判とそれに対する議論の展開については、C. P. Oman & G. Wignaraja, op. cit., pp. 115-121が、要領よくまとめている。

(15) ちなみに、植松忠博、前掲書、第3章は、1981年の世界銀行とアメリカ政府の政策転換をもって「援助（政策）としてのBHNアプローチ」には終止符が打たれた、としている。同著者は、それに代わって「開発政策としてのBHNアプローチ」が1980年代に展開される展望について、同じ章の後半で考察している。その内容は非常に興味深いが、その後現在に至るまでの様々なアプローチの展開を念頭に置けば、そこで闡説されている考え方や政策をBHNアプローチとして括ることができるかどうかは疑問である。

(16) 1980年版 *World Development Report* における Human Development とは、「人的資源開発 (human resource development)」を意味しており (p. 32)、貧しい人々が自らを助ける——生産性と所得の向上——ために必要な手段として教育・訓練、健康、栄養の各面での充実と出生率低下に焦点が当てられている。人間を手段と見なしているという意味では、1960年代に隆盛を見、発展途上国経済論や国際協力論にも大きな影響を及ぼしたSchultzらの人的資本論の流れを汲んでいると言えるが、他面、それら自体が目的でもあると述べているところからは、BHN論による影響を看取することができる（人的資本論については、例えば阪本公美子「人間開発と社会開発」西川潤（編）『社会開発』（有斐閣、1997年）、第6章を参照）。このような考え方の転換の一例を教育に関する同レポートの記述の中から抜粋してみるならば、「10年、20年前には、……近代部門のマンパワーの必要性を直接的に充足するような中等・高等教育に、計画者の選好が向かっていた。……だが、過去10年程のうちに考え方が大きく変化した。中等・高等教育、訓練機会の十分な供給が重要な優先事項であることには変わりがないが、初等レベルでの普通教育の重要性はさらに広く認識されるに至っている」(Ibid., p. 46)。

(17) World Bank, *World Development Report 1990*, p. 1. なお、貧困層の切り捨てという観点から構造調整政策を批判的に検討したものとしては Giovanni A. Cornia et al. (eds.), *Adjustment with a Human Face* (Clarendon Press, 1987), ILO, *Stabilization, Adjustment and Poverty* (ILO, 1986) が代表的である。また、世界銀行はこうした批

判を受けて、1987年にはUNDPやAfDBとの協力の下にSDA（Social Dimensions of Adjustment）プログラムをスタートさせている。

(18) 以上の内容は、World Bank, *World Development Report 1990*, pp. 2-3に依っている。

(19) 世界銀行のそうした動向は、改良主義アプローチの復興といった形で評価されることがあるが（例えば、絵所秀紀『開発と援助』（同文舘、1994年）、172頁を参照）、以上のように構造調整の考え方が堅持されていること、また、1990年代に入ってからは、構造調整政策が機能しないのは民主的制度が確立されていないからだとしていわゆる「良い統治（Good Governance）」論が展開され、コンディショナリティが政治性を強めている状況があること、などを踏まえれば、ベースは引き続き市場主義的、新古典派的な発想であったと言えるのではないだろうか。

(20) 「人権としての発展の権利」論は、主に国際法学者によって国連の場を中心に展開された。いわゆるテヘラン宣言（1968年）に集約される人権の不可分性の考え方を基礎に社会権と自由権を統合する試みの一環として、1970年代後半に展開され始め、権利や義務の主体と内容をめぐって激しい議論が1980年代前半にかけて展開された末、ようやく「発展の権利宣言」として結実し、以後現在に至るまで、その実施措置に関する作業が継続中である。「宣言」に至る経過やそこでの論点については、伊東すみ子「発展の権利（いま世界の人権は (6)）」『自由と正義』第37巻、第9号（1986年）、130〜133頁、川眞田嘉壽子「『発展の権利に関する宣言』について−その概要と問題点−」『法研論集（早稲田大学大学院法学研究科）』第43号（1987年）、73〜101頁、川眞田嘉壽子「人権としての発展の権利−その意義と将来−」宮崎繁樹（編）『現代国際人権の課題』（三省堂、1988年）、第4章、松井芳郎「経済的自決権の現状と課題」『季刊・科学と思想』第69号（1988年）、150〜174頁、Roland Rich, "The Right to Development as an Emerging Human Right", *Virginia Journal of International Law*, Vol. 23, No. 2 (1983), pp.287-328, Roland Rich, "The Right to Development: A Rights of Peoples?", in James Crawford (ed.), *The Rights of Peoples* (Clarendon Press, 1988), ch. 3, 斎藤恵彦『世界人権宣言と現代』（有信堂、1984年）、平覚「開発と人権−人権としての発展の権利を中心として−」高野雄一ほか（編）『国際人権法入門』（三省堂、1983年）、Ⅵ−3、田畑茂二郎『国際化時代の人権問題』（岩波書店、1988年）などを参照。

　本章との関係で最も問題になり、「宣言」に至る過程でも専門家や政府代表の間で議論の厳しいやりとりが展開されたのは、発展の権利（right to development）の権利や義務の主体が人間個人に帰属するのかどうかという点であるが、この点

については、上記「宣言」では「発展の権利は譲ることのできない人権である」（第1条第1項）と同時に、「社会だけが、人間の自由で完全な自己実現を保障することができる。したがって、すべての人間は、発展のための適切な政治的、社会的及び経済的秩序を促進し及び擁護するべきである」（第2条第2項）と述べている（邦訳は田畑茂二郎ほか（編）『国際人権条約・宣言集〔第二版〕』（東信堂、1994年）による）。つまり、権利の主体も義務の主体も基本的に人間個人に帰属するということだが（但し、権利主体は人間個人だけに帰属すると理解できるのに対して、義務の主体は人間個人だけに限定されてはいない）、この点は、1990年代の一連の地球的問題に関する国連会議での諸宣言、特に世界人権会議・ウィーン宣言（1993年）、人口開発会議・カイロ宣言（1994年）、社会発展サミット・コペンハーゲン宣言（1995年）、第4回世界女性会議・北京宣言（1995年）、HABITAT-Ⅱ・イスタンブール宣言（1996年）でも確認されており、少なくとも国連の場では「人権としての発展の権利」論は定着し、それを実施するための枠組み、メカニズムや手続きへと問題の焦点が移っていると言える。なお、発展権をめぐる最近の議論については、多谷千香子『ODAと環境・人権』（有斐閣、1994年）、初川満「発展と人権」経済社会学会（編）『権力と市場経済（経済社会学会年報XVI）』、1994年、156～167頁、世界人権会議NGO連絡会（編）『NGOが創る世界人権宣言』（明石書店、1996年）、藤田早苗「発展の権利についての『コンセンサス』の成立とその意義」『国際開発研究フォーラム（名古屋大学大学院国際開発研究科）』第15号（2000年）、99～116頁なども参照。

　他方、飢餓・貧困をめぐるSenの一連の議論において鍵になっているのは、周知の通りエンタイトルメント（entitlement）とケイパビリティ（capability）の二つの概念である。もっとも、ここで、Senの膨大な著作のすべてにわたって概説する余裕はない。また、既にこれらの主要概念はSenを離れて一般的に用いられる一方、概念内容や現状分析への適用をめぐっていくつかの批判がなされ、それを受けて議論が展開されている現状もある（例えば、Des Gasper, "Entitlements Analysis: Relating Concepts and Contexts", *Development and Change*, Vol. 24, No. (1993), pp. 679-718, 斎藤千宏「人間のニーズ・貧困概念の変遷」中村尚司（編）『南北問題における社会経済的指標の検討（「総合的地域研究」成果報告書シリーズNo. 21）』（京都大学東南アジア研究センター・「総合的地域研究」総括班、1996年）、佐藤仁「開発援助における生活水準の評価－アマルティア・センの方法とその批判－」『アジア研究』第43巻、第3号（1997年）、1～31頁を参照）。エンタイトルメント＝ケイパビリティ・アプローチを概括するには、従って、Sen以外の著作をも踏まえる必要があり、本章の範囲でこの作業を行うことはで

きなかった。ここでは、Senが開発学会（DSA）の会長として1982年9月に行った開発経済学の回顧と展望に関する講演論文（Amartya K. Sen, "Development: Which Way Now?", *The Economic Journal*, Vol. 93, No.4 (1983), pp.745-762）およびKenneth J. Arrowらを代表編者とするHandbooks in Economicsシリーズのdevelopment economicsに関する巻（全三冊）に収められた発展概念に関する論稿（Amartya K. Sen, "The Concept of Development", in Hollis Chenery & T. N. Srinivasan (eds.), *Handbook of Development Economics*, Vol. 1 (North-Holland, 1988), ch. 1）に依拠して、その所論をおおまかに見、人間を中心に据えた発展概念の特徴を確認しておくにとどめたい（Senの議論に言及した邦語文献として、絵所秀紀、前掲書、第3章、原洋之介『開発経済学』（岩波書店、1996年）、第8章などをも参照）。

　Senは、まず従来の開発経済学の欠点を、専ら国民生産をはじめとする総体概念に依拠していて、人々が何ができ、あるいはできないのかに関する視点とそれを明らかにするための分析概念をもっていなかったことに求めている（その結果、例えば一人当たりで利用可能な食糧の水準が最高に達していた状況の中で起こった1974年のバングラデシュでの飢饉は、食糧総供給の面からも人口規模の観点からも解明できなかったという）。その上で「一人の人間が、権利（rights）とその前に開かれている機会の全体を利用して、社会のなかで自由にすることができる一組の相互代替的な商品の集まり」を意味するエンタイトルメント概念を基礎に据え、エンタイトルメントによって生み出されるのがその人間のケイパビリティ、つまり「相互に代替的なn個の要素からなる一組の機能」（行うことができる行為と到達できる存在のタイプの総称）である、とする（例えば、前記のバングラデシュのケースも、特定の層のエンタイトルメントが崩壊したことに原因を求め得るという）。また、エンタイトルメント自体はその人間の所有権（資質）と交換可能性（交換エンタイトルメント）の二つによって決定される、と見る（ここで、後者には、交易や市場交換によるものを含むだけではなく、自然との交換、つまり生産可能性の利用も含まれている）。そして、経済発展は人間のケイパビリティを拡大する過程と捉えられてきたが、このようなエンタイトルメントとケイパビリティの関係を踏まえれば、それはエンタイトルメントを拡大する過程としても特徴づけられる、という。例えば、多くの人間、特に貧困者にとって売却できる唯一の商品は労働力であるため、そのエンタイトルメントは、職を見つけることが可能か否かということとその職に対する賃金、およびその人間が購入したいと思う商品の価格に決定的に依存している訳であり、貧困緩和・解消はこうした要因に留意しながら、エンタイトルメントを拡大する手段によっては

からされるべきであることが示唆されている。なお、効用（utility）は精神的な物差しであり、エンタイトルメントの方がはるかに客観的に内容を画定できる、ともしている。また、エンタイトルメントと権利（rights）の関係については、前者の概念に関する上の引用からも知られる通り、権利が異なる複数の行為主体（agent）の間の関係（例えば、二人の人間の間や、国家と人間の間）に基礎を置いた概念であるのに対して、エンタイトルメントはそうした権利の故に一人の人間が所有することのできるものの全体、つまり行為主体とものとの間の関係に関わる概念として提起されている（この点については、Amartya K. Sen, "The Right to not to be Hungry", in Philip Alston et al. (eds.), *The Right to Food* (Martinus Nijho, 1984), pp. 69‐81 も参照）。

ところで、エンタイトルメントがrightsとは異なる概念として用いられている以上、権利という訳語を与えることは難しいように思われる。他には、権原、賦権、資格といった訳語が考えられるが、どの訳語が最も適切に真意を表現し得るのかについてはなお決断できないため、ここではそのままエンタイトルメントとした。この点はまた、潜在的能力と邦訳されることの多いケイパビリティについても同様である。

(21) 周知のように、*Human Development Report*のとりまとめの責任者は、1996年版までは世界銀行の1970年代前半における政策転換の立役者であったMahbub ul Haqが努めた。同氏の急逝に伴って、その後は、UNICEFで「人間の顔をした調整」に取り組んだことでも知られるRichard Jollyに代わっている。

(22) 人間発展がUNDPにおいて主たる関心事となるのは、1985年9月にイスタンブールでそれに関するセミナーを、南北円卓会議（North-South Roundtable; 1978年にSID(国際開発学会)の下に発足した、グローバルな発展問題を議論するための独立した知的世界フォーラム）と共同開催したあたりからである（Khadija Haq & Uner Kirdar(eds.), *Human Development: The Neglected Dimension* (United Nations, 1986), pp.xv‐xviii を参照）。

(23) 以上の引用は、いずれもUNDP, *Human Development Report 1990*, p. 10からである。

(24) この段落の引用は、いずれもIbid, p. 11による。

(25) まず、「人権としての発展の権利」論の場合は、注（20）でもふれたように、人間の完全で自由な自己実現は社会を通じてのみ可能である、従って人間個人の社会に対する義務があると、世界人権宣言の第29条（「すべての者は、その人格の自由かつ完全な発展がそのなかにあってのみ可能であるような社会（community）に対して義務を負う」）を踏まえた考え方を示しているが、この社会（「発展の権

利宣言」の原文でも community) とは何かという問題には考察が及んでいない。発展の権利の義務の主体については、「宣言」の別の箇所では、第一義的には国家にあるともしており、その限りでは「社会と国家は同一視され、国家の政策や秩序への従属義務として解釈される危険性がある」(川眞田嘉壽子、前掲論文(「人権としての……」)、88頁) とも言えよう。

　一方、エンタイトルメント＝ケイパビリティ論では、社会的選択論に関連した議論が展開されてはいるが、そこでの社会とは基本的に国民国家を前提としているように見受けられる。社会の単位として何が最も望ましく、また、すべての社会の中における人間のケイパビリティ増大を可能にするような社会相互の関係がどのように規定できるかといった問題は、考慮の外にあるようである。「個性の自由な発展の条件が、社会的分業の排除、社会による制約の不在、従って、国家の不在を含むものと考えられるのだとすれば」、「すべての人々が、潜在的に無限の活動群、あるいはセンの言葉を借りれば、機能から、……自由に選択する」という考え方は、「何ら問題ないのである」が (M. P. Cowen & R. W. Shenton, *Doctrines of Development* (Routledge, 1996), p. 449)。

(26) UNDP, op. cit., ch. 4.
(27) UNDP, op. cit., p. 64.
(28) 以上の二つの段落における引用は、すべてがUNDP, *Human Development Report 1993*, pp. 3-4による。
(29) 「市場に親和的な」政府論 (呼称としては「市場 (機能) 補完アプローチ」が使用されることの方が多い) は、公式には世界銀行の *World Developement Report 1991* で初めて提起された。その後「東アジアの奇跡」論に適用され、新制度学派経済学とも呼応して、市場志向的政策・制度論として発展途上諸国のための経済学に大きな影響を及ぼしつつある。
(30) 分権化論に関わる以上の引用は、いずれも UNDP, op. cit. (……1993), pp. 72-73による。
(31) こうしたコメントは、OECD／DACを中心に展開されてきたいわゆる参加型開発 (Participatory Development) 論にも妥当しよう。この概念を用いて1990年代の開発協力の中心課題を設定したDACの問題関心は、「生産過程へのすべての人々の広範な参加と、便益のより平等な共有を促進する」ことにあるが (DAC, *Policy Statement on Development Cooperation in the 1990*s (OECD, 1989), p. 5)、その後にDAC内外で展開された議論も、管見の限りでは、設定された開発／発展過程への「エンパワーメント」を介しての参加が焦点になっており、どの段階からの参加かという点での違いはあっても、参加や発展の枠組み自体を設定する過

程への参加は念頭に置かれていないように思われる。なお、Rahnemaは「開発用語（development jargon）」としての参加に対する批判的検討の中で、同趣旨の論点を提起していて参考になる（Majid Rahnema, "Participation", in Wolfgang Sachs (ed.), *The Development Dictionary* (Zed Books, 1992), pp. 116-131〔邦訳／三浦清隆ほか（訳）『脱「開発」の時代』（晶文社、1996年）、167〜187頁〕）。

(32) HDIをめぐるこれまでの議論を整理したものとしては、Paul Streeten, "Human Development: the Debate about the Index", *International Social Science Journal*, No. 143 (1995), pp. 25-37が参考になるが、そこでも、政治的自由や参加といった側面については整理の対象となっているものの、単位や枠組みについては全く言及されていない。

(33) UNDP, op. cit. (……*1990*), p. 3およびch. 3.

(34) 人間発展のナショナル・レポートに関する以上の動きは、http://hdr.undp.org/reports/default.cfmによる。

(35) カメルーン、ベラルーシ、リトアニア、モルドバ、ウクライナ、南アフリカ、スワジランドの8ヵ国であるが、カメルーンについては、既述の1992年のものを含め1998年までに四度ナショナル・レポートが編纂・刊行されている。また、ベラルーシ以下の4ヵ国では、いずれも1995年以来毎年ナショナル・レポートが発行されている。なお、同じく1998年時点でのHDIが1995年と比較して悪化した国としては、マラウィとナミビアがあげられているが、この間マラウィについては二度（1997、1998年）、ナミビアに関しては三度（1996、1997、1998年）、ナショナル・レポートが出されている。

第2章

社会発展論の意義と課題

1．はじめに

　前章の最後で、国連社会発展サミットが契機になって社会発展論が高まってきていると記したが、Social Developmentの概念が最近になって初めて登場した、ということでは無論ない。例えば、同じ国連の場では、設立当初からそれへの関心が窺える[1]。また、第1次UNDDのための行動計画でも、発展とは成長に変化を加えたものであり、変化とは経済的変化であると同時に社会、文化にわたる変化であるとされ[2]、Social Developmentに関して、研究機関（UNRISD）設立[3]や総会での宣言採択[4]といった動きが見られた。他方、経済中心の成長／発展観に対して、非経済的側面、特に社会的文化的あるいは宗教的側面をも重視すべきであるという議論は、研究・学問の分野でも、BHN論が生成したのと同じ成長主義見直しという土壌の中から、あるいは学際的な発展学を志向するこれとは問題関心を異にする動きに関連して、これまでにも高まった時期が見受けられる[5]。ただ、国連社会発展サミットを契機に高まっているSocial Development論は、これらに比較して次の二つの点でより特徴的であると考えられる。そして、それらの故に、社会開発論というよりは社会発展論としてこの議論を認識すべきであるとも言えよう。

　第一は、貧困が議論の中心に据えられ、その緩和・解消という実践的関心に貫かれているという点である。従来の非経済的側面をも重視しようとした議論は、所得上昇に伴う豊かさ観の多様化に対応したものか、あるいは成長／発展の条件

（促進・阻碍要因）に関する理論的関心が先行したものかのいずれかであったと言える。つまり、前者では、貧困というよりは、むしろ所得の上昇に伴って生活の豊かさが志向されるという文脈において社会的側面が重視されたのであり[6]、他方、後者の場合には、成長／発展が経済的要因だけでは説明できない場合に、いわゆる残差要因を解明する作業の一環として社会的要因に関心が向けられた。しかも、いずれの場合にも、経済成長／発展に対して二義的、補完的な位置づけがなされるか、あるいはせいぜい併置されるにとどまっていたと言える。これらとは対照的に、社会発展論は、三つの基本テーマの一つに貧困を据えている（他は、失業と社会的排除）点に端的に示されているように、まさしく貧困緩和・解消を最大の関心事としている。また、以下の概説からも知られるように、社会発展自体を重要な目標の一つとしている点でも、従来の議論とは異なっている。

　第二に、これまでの議論は、上の記述からも分かるように、いずれにせよ視座は成長／発展（あるいは幸せ）の社会的側面に置かれていたのであって、そこでは、主体、エージェントあるいは社会的枠組みの問題が深められることは、Community Development論と結びつけて展開された議論の一部を別とすれば、殆どなかったと言える[7]。成長／発展の経済的側面の担い手であった国家、地方自治体、企業の行為（＝開発）にいかにして社会的側面への配慮を組み込むのかという問題をめぐっての議論は展開されたものの、それ以外のエージェントや枠組みの可能性を探る動きは鈍かったのである。人間発展論のように、論点として提起されながらも深められなかったというのではなく、論点にすらされなかったと言えよう。これに対して、社会発展論では、後に詳しく見るように、発展のエージェントや社会的枠組みに関する議論が進められている。「社会の発展」論としての側面をもっているとも言えるであろう。

　さて、以上の二つの中で、社会発展論をここで取り上げる理由は、多言するまでもなく二番目に関わっている。以下では社会発展論の概要にふれつつ、この点の肉付けを行いたい。なお、社会発展論を扱った文献は決して少なくないが、ここでは国連社会発展サミットの公式文書とUNRISDからの刊行物を主に手がかりにして、以下の行論を進めたい[8]。

2．社会発展論の内容と意義

　国連社会発展サミットで採択されたコペンハーゲン宣言によれば、社会発展論の課題は人間中心の持続可能な発展を可能にする枠組みを構築することにある。人間中心の発展を将来の幾世代にもわたって持続させることに社会発展論の主眼があるという訳であるが、この内容自体に目新しさがある訳ではない。「人間中心」論は、前章で見たように人間発展論などの形で展開されてきたし、また、「持続可能」論は、いわゆるブルントラント報告（1987年）から国連環境開発会議（1992年）へと受け継がれ、環境経済学などの形で展開されてきている Sustainable Development 論をベースにしているに過ぎない。

　むしろ、注視されるのは、同宣言が、前文で社会発展のためには「社会のすべてのセクターにおける透明で責任あるガヴァナンス」（第4項）が必要であり、また、それにとって決定的に重要なのが「各国政府と市民社会のすべてのセクターの責務」（第7項）である、としている点である。さらに、こうした前提を受けて「原則と目標」の部分では、社会発展の諸目標の達成のための「第一義的な責任は国家が負う」が、「同時に国家だけでは達成できないことも認める」との認識の下に、「国際社会、国連、国際金融機関、あらゆる地域機関と地方自治体、そして市民社会のすべての構成員が自らの努力と資源の分担に応じて積極的に貢献する」ことを求め、さらに、「すべての人々に対し、自らの活動領域での具体的な行動を通じ、そして市民として特定の責任を引き受けることで、人間が置かれている状態の向上に個人的に関与するよう呼びかける」（傍点は筆者）ともされている。国家による行為の限界性、国家以外の機関による協力の必要性といった論調は、発展をめぐるこれまでの国連システムでの議論にも見られない訳ではなかった。しかし、いずれの場合も、最終的には国家の政策かせいぜい公的機関が設定した枠組みへの参加に議論が収斂されていたと言える。少なくともこれまでの人間発展論がそうであることについては、既に前章で述べた通りであり[9]、また Sustainable Development 論でも、国家以外の様々な主体、関心のあるすべての市民の参加が重要であることを認めつつも、それらの自立的な活動、貢献は

想定されていなかった[10]。

　これらに比較して、社会発展サミット宣言は、同様の認識を強める一方、市民社会の関与（involvement）を前面に打ち出し、人間の個人的貢献をも重視しているという点で、主体や枠組みに関する議論を一歩進めようとしていると評価できる。なるほど、宣言の中心とも言える10の公約に関しては、なすべき行為が国と国際の二つのレベルについてまとめられるという形になっており、従来の認識を踏襲している面が窺われる。しかし、それらの中にも、公約1（社会発展の達成を可能にするような経済的、政治的、社会的、文化的、法的環境）に関する措置（c）、公約4（社会統合の促進）に関する措置（a）および（j）、公約9（社会発展への資源配分）に関しての措置（h）、公約10（社会発展のための国際的、地域的、小地域的協力枠組みの向上・強化）に関しての措置（a）などのように、NGO、地域コミュニティや協同組合などをはじめとする市民社会のすべてのアクターの強化・関与の必要性が、それらの独自の貢献に対する期待を交えながら謳われている箇所が少なくない。

　さらに、行動計画でも、前文における市民社会の全面的関与の必要性の確認（第2項）に続いて、第1章（社会発展を可能にする環境）で、民主的制度などと共に市民社会の積極的関与が必要であること（第7項）、すべての人間が発展に対しての責任を個人的、集団的に果たすことが重要であること（第15項（c））などが重ねて強調され、こうした基調は、続く第2章（貧困解消）、第3章（生産的雇用の拡大）、第4章（社会統合）における課題別の具体的行動計画に受け継がれている。

　ここで、第2章の貧困解消ための行動計画についてだけ、その内容にもう少し詳しく関説するならば、行動の基礎の一つとして「教育・学術機関とNGO」の動員が緊急に必要であるとの認識（第25項）を受けて、貧困解消に向けた総合的戦略の策定のために「市民社会の協力」が必要であるのみならず（第27項）、貧困が実際に解消しているのかどうかをチェックする上でも、「教育機関、NGO、メディア」が不可欠としている（第29項）。また、生産的資源とインフラに対するアクセスの向上には、「コミュニティ組織、協同組合」などとの協力や「コミ

ュニティに基礎を置いた協同組合や勤労者協同組合」などの強化が重要であり（第31項）、都市の貧困に対しても「NGO、大学その他の教育機関、コミュニティ組織」などの役割強化と措置拡充が求められるという（第34項）。さらに、「ボランティア組織による努力の促進」や「自助組織の革新的努力の助長」は、社会的保護の拡充という点でも重要であるとしている（第38項）。

　ところで、以上のような認識に関連して注視されるいま一つの点は、そうした市民社会アクターと従来の開発／発展を担ってきた国家や民間営利部門の間に、対等な関係を想定して社会発展の枠組みを構築しようとしている点である。それは、参加ではなく関与という表現が多用されている点に既に示唆されていると言えるが、さらに、市民社会アクターと国家や民間営利部門との間のパートナーシップや相互作用が随所で強調されることによって、一層明確な形で示されていると言える。そうした考え方は、例えば公約1に関する措置（a）、公約2（貧困の解消）の前文、公約6（普通教育・基礎保健医療等の普及）に関する措置（k）などの記述に見られるが、最も集約した形で示されているのは、行動計画の最終（第5）章（実施とフォローアップ）においてである。そこでは、国家と地方自治体、NGO、特に非営利組織、アジェンダ21に定められたその他の主要なグループ、メディア、家族と個人の間のパートナーシップが実施のすべてのレベルで不可欠である、とした上で、「市民社会の関与」が国家の戦略、財政資源の動員、国連システムの役割と並ぶ四本柱の一つとして取り上げられている。その内容を要約するならば、社会発展サミットの宣言と行動計画の効果的な実施に向けては、教育、保健、貧困、社会統合、人権などの分野でのコミュニティ組織、非営利NGOを強化し、政策の策定と実施に建設的に参加できるようにすることが必要だが、そのためには、そうした組織による関与のための法的枠組みや制度的取り決め、諮問のメカニズムなどを打ち立てることが必要である、という。また、市民社会の貢献を高めるには、政府と市民社会の間のパートナーシップを促進する手続き・措置を発展させることが必要であるともする（さらに詳しい内容については、本章末尾に付した【参考資料】を参照）。

　パートナーシップや相互作用の意味するところがなお抽象的で曖昧ではあるが、

しかし、ともかくもそれは関与する行為主体が相互に対等な立場にあることを念頭に置いた概念と言えよう。だとすれば、枠組みに関する議論を、中央政府によって設定された枠組みへの参加から、枠組みづくりを共に進めるための関与へと進めようとしていると指摘することは可能である。そして、「参加」から「関与とパートナーシップ」への視点のシフトは、同時に「人々による」発展を理論化するための重要な出発点にもなっていると言えるだろう。

　そこで、次に問題になるのは、このような視点から社会発展という貧困緩和・解消のための枠組みが具体的にどう構想され得るのか、という点である。そして、この課題に対して社会発展論がどう応えようとしているのかは、何よりも「関与とパートナーシップ」の主体となる市民社会アクター自体をどうあるべきものとして社会発展論が把握しているのかという点に密接に関わっている。以下では、社会発展論における市民社会アクターの評価と展望に関する記述を紹介しながら、この点についての同論の貢献を検討したい。この作業は、また、社会発展論の課題を明らかにすることにも通じよう。

　ところで、文献の性格（会議の合意文書であって理論書ではない）の関係もあり、コペンハーゲン宣言・行動計画からはこの点に関して明確な内容を読み取ることはできない。同宣言・行動計画は、むしろ市民社会アクターの重要性を踏まえながら、既述のように、その他のアクターとの関係のあり方について新たな視点を打ち出してはいるものの、市民社会アクター自体の分析はそこには盛り込まれていない。問題の点に関しては、むしろ社会発展サミットを準備する過程で理論面での支えとなったUNRISDの刊行物に興味深い内容が見られるので、ここでは、それらの紹介を交えながら、社会発展論における市民社会アクター観を検討していきたい[11]。

　UNRISDは社会発展サミットのために三部からなる報告書をまとめているが、ここでの課題との関係で参考になるのは、現代社会を形成している主要な勢力の影響力について検討し、地球市民権の展望をまとめた最後の第Ⅲ部、特にそこに収められた第8章である[12]。その第8章では、国家、政党、労働組合、NGO、コミュニティ組織の順に影響力の検討がなされているが、まずグローバル化とロ

ーカル化が同時進行する中で近代国家の正統性が着実に低下していること、また、20世紀におけるいま一つの主要社会勢力であった政党、さらには労働組合も弱体化していることが明らかにされる。その上で、NGOやコミュニティ組織に新たな社会秩序の形成勢力としての期待が寄せられている旨が述べられているが、NGOやコミュニティ組織の現状に対する評価は決して好意的、楽観的なものではない[13]。

　NGOに関してのその一つの理由は、それらの組織が影響力を増大させ、政府や国際機関の貧困対策に対しても発言力を高めている一方で、資金面でそうした公的機関への依存度を高めている現状に求められる。いまや発展途上世界で活動している先進世界のNGOの資金のほぼ三分の一は先進諸国政府からのものであり、また、1993年時点で、世界銀行のアフリカ向け開発資金の約半分はNGOを経由してのものであったという。NGOは、また発展途上諸国政府の貧困対策プロジェクトを下請けしている場合も少なくないともいう。このような中で、NGO活動の本来の特徴の一つでもあるアドボカシーの規模を縮小していくNGOが増えている現状にも言及している[14]。

　だが、この点以上に一般的に問題になっているとするのは、NGOが組織を拡大するに伴って、それがとって代わろうとしてきた国家や政党、労働組合が陥ったのと同様の問題、すなわち、組織の官僚主義的な硬直性が増して、非効率で小回りがきかなくなり、対象としている人々のニーズに応え得なくなるという問題に直面する可能性が高まっているという点である。このような動きは、上に述べた資金面での公的機関依存の高まりによってさらに強められるであろう、とも指摘する。つまり、供与された資金が有効に使われているかどうかのチェックが繰り返される中で、公的官僚主義的手続きの様々な手法が徐々にNGOの運営にも浸透していく危険性が高まっているというのである。

　第三に、NGOによる活動に対しての支持の源泉にもなっているアプローチ面での斬新さ、現状変革志向がともすればスローガンに終わってしまい、理論化が進められていないために、NGO以外のエージェントによって同様の概念が異なった目的のために使用された場合に、NGOとしてのアプローチの独自性を維持

できない状況が出てきている点が指摘されている。エンパワーメント、参加、変革、コミュニティなどは、いずれもNGOによるアプローチを特徴づけてきた概念だが、それらの意味するところがNGO内部で必ずしも深められないできたため、目標とする状況とは結果的に異なった状況がつくり出されても、それを是正する動きが弱いというのである。

例えば、「コミュニティのエンパワーメント」はNGO活動で頻繁に目標とされる概念だが、まずコミュニティに関しては、市民社会的観点からのコミュニティのあるべき姿の検討がおろそかにされた結果、実在するコミュニティをそのままの形でエンパワーメントの対象にしている事例が多くなっている、という。その結果、一部のリーダーやエリートを中心とする非市民社会的なコミュニティをも事実上容認するような活動が少なくない、ともする。他方、エンパワーメントは、自力更生の達成、つまり政府や外部の援助提供者に対するコミュニティの依存度を削減する能力を増大させることに意味が限定された形で実際の活動が進められがちであったため、権力関係や資源に対する支配・管理の面での社会全体に及ぶ変革につながる動きをつくり出せないできた、という。こうして、「コミュニティのエンパワーメント」が結果的には特定のリーダーまたはエリート集団の懐を豊かにするだけに終わっている事例が非常に多いという[15]。

次に、コミュニティ組織に関しては、貧困に関わる問題が発生している現場に最も近く、それ故その問題を直接的に解決できる組織として、公的機関だけではなくNGOからも期待が寄せられてはいるが、すぐ上でも言及したように、特に発展途上世界のコミュニティ組織には平等主義的で利他的であるとのロマンチックなイメージが妥当するようなケースは少ない、と分析する。組織として安定しているコミュニティでは、メンバーが自発的参加によって構成されていることは稀であって、多くは血縁・地縁に基づいているのであり、従って、そうした組織の構造は、互酬性や平等主義に象徴されるような水平性ではなく、一部の少数者が主要な資源の支配・管理権を占有するなどといった形での垂直性によって特徴づけられる、という。そして、外部からの対コミュニティ援助は、そうした既得権益を補強するために使われている場合が少なくない、とも指摘している。

他方、グローバル化の中で、コミュニティ組織自体が実質的に瓦解している例にも言及がなされている。インドやブラジル北東部の事例を引きながら、コミュニティ組織内部のエリート層や中間層がマスメディアを通じてのグローバルな消費文化に晒されて、衛星テレビ番組や海外渡航、子弟の海外留学などに関心を高める一方で、コミュニティの運営に対する関心が薄らぐようになり、その結果、コミュニティの下層の人々が救済の手段をコミュニティには求め得なくなって流民化している、というのである。

　こうして、NGOにせよコミュニティ組織にせよ、従来の主要な勢力を代替する期待を寄せられながらも、実態としてはそれにはなお遠い状況が分析されている。だが、それにも拘らず、そうしたアクター、エージェントを中心とした貧困緩和・解消の過去の実績をも、今後のその点での展望をも過小評価している訳ではない。つまり、NGO等に期待が寄せられるようになったのには、それなりの歴史的構造的背景がある訳で、その点を看過して従来のように国家・中央政府の政策を中心にして貧困緩和・解消をはかり続けることに限界がある点をも見据えていると言えよう。それは、社会発展を進めるための戦略を、国際機関（国連）改革とNGO国際ネットワークの強化を通じた地球市民権保障のための制度改革論として提起している点（第Ⅲ部、第11章）に端的に示されている通りである。

　但し、市民社会アクターの改革内容や目指すべき方向性について、明確な言及は避けられており、この点が現在までに提起されている社会発展論の限界になっていると言えるだろう。

3．社会発展論の課題

　国民国家の勃興が19世紀後半において重要な意味をもったのと同じ程度に、地球的な「連帯組織革命」は20世紀後半において重要な意味をもつようになろう、とのSalamonの指摘[16]ではないが、貧困緩和・解消という課題領域に限らず、市民社会アクターの重要性を指摘する論調は今日非常に強くなっている[17]。だが、重要であるということとその現状を積極的に評価するということとは別事である

にも拘らず、市民社会アクターのこれまでの実績を肯定的に見る論調が根強い。このような状況の中で、むしろその否定的な側面を洗い出し、今後の進展につなげ得る課題を明らかにしようとした社会発展論の作業は、それだけで十分に評価に値しよう。

　だが、残念ながら、そうした課題をどう乗り越えていくべきなのかという具体的な方向性、さらにはそのための手段が何であるのかについては、既存の社会発展論に関する文献では明確に言及されていない。既に述べた通り、この点は社会発展論の最大の問題点であり、同時に今後に議論の展開がまたれる課題と言えよう。ここでは、この点を深めていく上で重要と思われる論点とそれに対する筆者なりのコメントとを以下にまとめておきたい。

　第一は、「社会の発展」という社会発展論アプローチの中核自体に関わる論点である。前節で述べたように、社会発展論の最大の特徴は、「人々による」発展の条件を、市民という形での主体形成と市民社会アクターを中心とした社会的枠組みの構成という観点から考察した点に求められる。しかしながら、市民社会アクターの現状に対する批判的分析でも明らかなように、市民によって組織されているということ、市民社会アクターであるということが、直ちに従来のエージェントに比して貧困緩和・解消という点で優位にあるということを意味する訳ではない。むしろ、市民社会アクターがこの点で実際に果たしてきた、あるいは果たし得る機能を問題にしなくてはならないのであり、また、そうした機能の観点から、市民社会アクターが備えるべき条件が考察される必要があろう。

　この点に関連して想起される一つの実例は、国際社会の中で急速な広がり見せているマイクロファイナンス、特にマイクロクレジットである[18]。それ自体がここでの主題ではないので、その評価については別の機会（本書第7章）に譲るが、マイクロクレジットが貧困緩和・解消スキームとして世界各地に急速に浸透している背景に限って言えば、貧困緩和・解消に肝要な機能が何かがまずは考察されて（無担保のマイクロクレジット）、その機能を効果的に実現する上で適合的なエージェント、組織や社会的枠組みが次に考案された（連帯責任などを取り入れた自発的参加意志に基づく小グループ制度）というアプローチのあり方が一つの

大きな鍵になっていると思われる。これまで国家・中央政府が実施してきた例えば物資供与による生活扶助と基本的に変わらないような活動を行っているNGOに比して、貧困緩和・解消という点ではるかに大きな成果をもたらしてきたと言える訳だが、この点に示唆されるのは、貧困緩和・解消の社会的枠組みをエージェントの属性の観点からだけ考案するのは不十分であって、むしろ機能の側面をも入れてその作業を進める必要があるということであろう。機能という観点を含めることによって、どのような社会的枠組みが貧困緩和・解消のために有効であるのかがより明確になり、さらには、その中で市民社会アクターが果たし得る、また果たし得ない役割が何であるのかも明らかになろう。

　第二は、貧困緩和・解消機能の長期的な存続を可能にするための社会的枠組みをどう考えるのか、という論点である。当初は貧困緩和・解消という機能に適合的な形で編制された市民社会アクターが、組織やネットワークの拡大を続けていく過程で機能不全を来たしてしまうということがあり得る。前節で見たように、そうした事例は、既に社会発展論関係文書の中でも報告されていた訳だが、このような問題をできるだけ回避するためには、組織、運用面でのあり方が機能の達成という観点から見て適正かどうかを絶えずチェックするメカニズムが必要であろう。

　そして、筆者の考えでは、その際に不可欠なのがガヴァナンスの観念であると思われる[19]。ガヴァナンスは、いわゆる「良い統治（Good Governance）」論の形で国際開発協力の場で近年多用されるようになっているが、元来はそうした使用法とは異なって、組織の構成者（利害関係者）間および組織と他の組織や外部社会との間の透明性とアカウンタビリティの維持を含意する概念として用いられてきた[20]。また、透明性やアカウンタビリティがなぜ必要なのかに関しては、人権保障の徹底（人権が保障されているかどうかは、ある人間と他の人間や組織との関係が透明でかつ責任関係が明らかでなければ判断できない）という観点から説明がなされてきた。このような観点からすれば、前節でふれられたNGOやコミュニティ組織の問題点は、いずれもガヴァナンスが喪失した状況として説明できよう。経営学における企業ガヴァナンス論や「良い統治」論に関連した国家ガ

ヴァナンス論と比較して、市民社会アクターのガヴァナンス論はこれまで余り検討されることがなかった。国家ガヴァナンスの枠組みの中で、市民社会アクターがアドボカシーやアファーマティブ行動を通じて政府の透明性やアカウンタビリティをいかに確保するのか、という観点からのガヴァナンスへの関心は見られたが、市民社会アクター自体のガヴァナンスをどう構成するのかという議論は皆無に近い状態であったと言える。だが、市民社会アクターが貧困緩和・解消という点で優位であり続ける条件を考えるためには、やはりそれ自体のガヴァナンス論を前面に出していく必要があろう。

　ところで、市民社会アクターのガヴァナンスは、特定の活動に関してその直接的な透明性やアカウンタビリティを問題にする短期的な側面と、組織の存在や活動全体の長期的な観点からの評価に関わる長期的戦略的な側面とを区分できよう[21]。さらに、誰あるいは何に対する透明性やアカウンタビリティなのかという観点から、資金提供者、活動対象者、組織構成者自身、組織の所在する地域社会、活動が行われる地域社会などいくつかのレベルが考えられる。上の第一の論点では、機能という観点の重要性を指摘したが、そのことは、必ずしもガヴァナンスを短期的な視点から直接的利害関係者に限定して考えようということではない。市民社会アクターとして社会的に定置しているのかどうかを、貧困緩和・解消以外に市民社会アクターとして負託された機能を果たしているかどうかをチェックするには、やはり長期的戦略的観点からの広範な社会的環境を背景にしたガヴァナンスの枠組みが必要になってこよう。

　第三に提起したいのは、市民社会アクター間の調整を進めるための社会的条件をどう考えるのかという論点である。前節の内容紹介で明らかな通り、市民社会アクターとして具体的にあげられているものは実に多様であり、しかも並列的に羅列されただけである。だが、それらが市民社会セクターとしてまとまり、貧困緩和・解消に向けた社会的枠組みの中核を事実上占める状況をつくり出していくためには、市民社会アクター間の調整をどのように進めていくのかという点に関する考察が不可欠である。統合・結合（あるいは吸収・併合）による組織的大型化がしばしば市民社会的性格の喪失につながっている状況を踏まえれば、NGO

やコミュニティ組織としての基本的組織条件を維持したままで、相互の調整をいかに進めるのかという方向でこの問題を考えざるを得ないだろう。詰めなくてはならない問題は、むしろ調整の内容とルールに関わっている。

4．おわりに

　以上のように社会発展論に対して問題点を提起した上で、最後に、貧困緩和・解消論の今後の課題を「社会の発展」という観点から改めて整理しておきたい。第一は、貧困緩和・解消の機能を具体的にどう考えるのかという上の第一の論点を明らかにするための作業である。例えば、自分の肉体労働以外に生計を立てる手段をもたず、失業中で生計の維持が難しい状況に置かれている人間に対しては、生活保護の支給、雇用機会の付与、生計手段の補強といった形でその生活苦を緩和するための機能がいくつか考えられる。そういった諸機能の中で、生計維持をできるだけ自力で可能にしていくような、別言すれば人間の内発的発展を支えていく機能が何であるのかを、具体的な貧困状況に照らして明らかにしていく作業が必要であろう。同じ例で考えた場合に、従来は、例えばBHNの保障、労働集約的産業重視の国家の産業政策、企業による労働集約的技術の採用奨励などが提唱されがちであったが、いずれも一時的に生計の外発的埋め合せを行うにとどまり、人間の内発的発展力を強化していく機能はそれらには乏しかったと言えよう。これに対して、先にもふれたマイクロファイナンスは、貧困状況の改善にとって不足していた機能の中から、貧困者自身が生計維持能力を増大させる効果が期待できるものを選定して制度化したと言えるスキームであり[22]、それ故に貧困層に一定程度根付いた展開が示されてきたと言うことができよう。

　二つ目は、やはり貧困緩和・解消機能を効果的に実現するためのエージェント、社会的枠組みに関する課題である。繰り返し指摘してきたように、社会発展論の最大の特徴は、市民社会アクターの関与を出発点にしている点にある。それに対して、上では、機能の観点とガヴァナンス概念を取り込むことによって、市民社会アクターに求められる条件を考察することも同様に重要である点が提起された。

この論点を踏まえつつ、ここでは、貧困緩和・解消の具体的機能別に適合的なエージェント、社会的枠組みを考案した上で、それらが同時にすべての人間の発展を損なわないようにするにはどのような組織上、運用上、制度上の条件を充足しなければならないのかを明らかにする作業が必要である、としたい。そのための手がかりは、貧困緩和・解消という点で大きな成果を収めてきたNGO、コミュニティ組織などの事例をこうした観点から分析することで得られよう。三度マイクロファイナンスを例にもち出せば、多くの場合に採用されている小グループ制は、目的を共有する者の自発的参加意志に基づいた機能限定的な組織を基礎としているという点で、「発展の権利」を含めた人権の保障にも適合的な仕組みであると言える。集団的な義務・責任が求められるのは借入れ資金の返済という点だけであり、あとは各人の責任において貧困緩和・解消に向けた事業が進められる仕組みになっている[23]。

　最後に、第三の課題として、機能不全を起こし貧困問題解決能力を低減させているとされた従来のエージェント、特に国家・中央政府、地方政府が市民社会アクターを中心とした貧困緩和・解消の枠組みの中で、どのように位置づけられていくのかという点を具体的に検討する作業が必要だという点をあげたい。福祉国家も社会主義国家も、さらには開発主義国家も貧困緩和・解消という点では限られた成果しかもたらさなかったとコメントできる一方で、貧困緩和・解消機能のすべてが今後市民的アクターだけによって適合的に担われ得るとは限らない、ということも確かであろう。例えば、従来の貧困緩和・解消論において有効かどうかが争点になってきた土地改革が、仮に必要だという結論に達したケースでは、国家・中央政府や地方政府が何らかの役割を果たさざるを得ないであろう。また、直接的にではなく間接的な形で、例えば市民社会アクターが活動しやすい環境を法的に整備する機能を担うといったことも考えられる[24]。社会発展論でもこの点は十分に認識されていたと言えるが、その認識を深めパートナーシップに具体的な内容を与える意味でも、市民社会アクターによる貧困緩和・解消機能との対応関係において、従来のエージェントに求められる機能があるとすればそれは何であるのかを明確にしていく作業が不可欠である。

Human Development Report の発刊、また国連社会発展サミットの開催を契機にして、「人々の、人々のための、人々による」発展への関心が世界的に急速に高まり、発展途上諸国の最新の開発計画書の中でも、人間発展や社会発展の表記が随分目につくようになっている。だが、その多くは「人々の、人々のための」発展の重要性を踏まえながらも、結局は「国家による」開発論に議論を収斂させてしまっており、かつての成長／発展の非経済的側面に留意しようとした議論と基本的に相違のない認識が示されている。人間発展論によって提起され、社会発展論において展開が試みられた「社会の発展」という視点を殆ど欠いた内容になっている[25]。

　「社会の発展」の考え方を実証的研究に基づいて理論化する作業、また「社会の発展」を評価するための枠組みと手法を明らかにするための考察が、まだ不十分にしか行われていないということが、こうした実態をもたらしていると考えられる。既存の社会的枠組みを与件とする発想ではなく、それ自体を動かしていくような新しい「社会の発展」を構想する作業が必要不可欠である。

　ところで、次の三つの章でふれる多元的制度・エージェントと「公共行動」に関する議論、ソーシャル・キャピタル論、公的社会保障制度の脱構築論は、いずれも「人々による」発展の社会的枠組みを考える上で参照すべき内容を含んでいる。特に、貧困の当事者を中心とする「下から」のイニシアティブを出発点としていること、しかしながら、「退出」やデリンキングではなく、対等性と多元性を念頭に置いたパートーシップの構築を通しての問題解決の過程を考えていることは、三者に共通して参考になる点と言えよう。理論的体系性という点でそれぞれに不十分さが残されていることは否定できないが、しかし、「人間発展を可能にする持続可能な社会的枠組み」に関する議論を今後深めていく上で、幾多の示唆を与えてくれていると評価できる。

　いみじくもSenが *Journal of Human Development* の創刊号で人間発展論の十年を回顧した際に示唆したように、既存の前提やフレームワークを超えていくことが必要な時には、不十分さ故に既存の前提やフレームワークに回帰する愚だけは避けなくてはならない。「一般理論の欠如ということこそが、この種の作業にと

って重要な非拘束性を生み出す」[26]のであり、不十分さ故の後退ではなく、十分さに向けた不十分さへの着実な対応こそが求められているという点を念頭に置きたい。

【注】

(1) この経緯については、例えばHeinz W. Arndt, *Economic Development: The History of an Idea* (University of Chicago Press, 1987), pp. 89-90やMarshall Wolfe, *Elusive Development* [3rd. ed.] (Zed Books, 1996), ch. 2を参照。なお、Estevaは、当初の国連の関心は「社会情勢（social situation）」と表現され、この概念をタイトルに入れたレポート（*Report on the World Social Situation*）が出されていたが（1回目は1952年で、2回目は1957年、以後定期刊行化がはかられ1997年までに14回刊行されるが、その間隔は頻繁に変更）、同レポートの本文ではsocial developmentという表現が版を重ねるに従って多用されるようになり、しかも「何の定義もされないままに、漠然とeconomic developmentに対応するものとして」使われるようになった、と指摘している（Gustavo Esteva, "Development", in Wolfgang Sachs (ed.), *The Development Dictionary* (Zed Books, 1992), pp. 12-13〔邦訳／三浦清隆ほか（訳）『脱「開発」の時代』（晶文社、1996年）、26〜27頁〕）。

(2) United Nations, *The UN Development Decade: Proposals for Action* (United Nations, 1962).

(3) United Nations Research Institute for Social Development（国連社会発展研究所）のことであり、Jan Tinbergenの提唱により、オランダ政府からの資金援助を得て1963年にジュネーブに設立された。UNRISDの沿革については、*UNRISD: 30 Years of Research for Social Development*という冊子が参考になるが、これによれば、UNRISDが最初に取り組んだのは、社会情勢に関するレポートのために、発展の社会的側面に関するデータを収集・作成する作業であった。また、この作業に基づいて、経済成長と社会的変化の関係に関する統計学的分析も行われた（こうした初期の研究活動の背景と内容、到達点については、Donald McGranahan et al., *Measurement and Analysis of Socio-Economic Development* (UNRISD, 1985), Donald McGranahan, "Measurement of Development: Research at the United Nations Research Institute for Social Development", *International Social Science Journal*, No. 143 (1995), pp. 39-57, Hans W. Singer, "Social Development: Key Growth Sector", *International Development Review*, Vol. 7, No. 1 (1965), pp. 3-8をも参照）。だが、1970年代に入ってからは、いわゆる構造学派の影響を受けながら、開発／発展の社会的帰結に関心を向け、例えば緑の革命のマイナスの影響を分析する作業などが行われた。そして、この経験とBHN論を踏まえつつ、1970年代後半には生計（livelihood）と参加が研究活動の中心テーマになる。そこでは、BHN論とは異なり、広い意味での生計を立てる（make a living）ための能力向上が重視され、社会的文化的に定められたよい生活水準を充足するための条件が、物資や

サービスの観点からだけでなく、社会関係をも念頭に置いて考察された。そして、1980年代に入ると、研究の範囲は、環境悪化、民族対立、麻薬問題、構造調整の政治経済学などにも拡張され、現在に至っている。目下の最大の関心テーマは、地球市民権であるという。

(4) 1969年12月のDeclaration on Social Progress and Developmentのことである。後述する社会発展論との相違に関連した同宣言の内容としては、社会進歩・発展の基本条件として国家の独立が強調されている点（第三条）が何よりもあげられよう。

(5) 発展学を志向する日本での動きについては、原覚天（編）『発展の統合理論序説』（アジア経済研究所、1973年）を参照。なお、Social Developmentの捉え方の変遷については、西川潤「社会開発の理論的フレームワーク」西川潤（編）『社会開発』（有斐閣、1997年）、第1章、西澤信善「社会開発論の再検討」『国際協力論集（神戸大学大学院国際協力研究科）』第1巻、第2号（1993年）、99～119頁をも参照。

(6) この点に関連して、設立当初のUNRISDの研究成果を紹介した前出のSinger（初代所長）による論文（注（3）参照）には、貧困に対する問題関心を全く窺うことができないことを付言しておきたい。また、同じ時期に国連の動きに触発されて日本で展開された、物質的豊かさの代償に対する問題関心からの社会開発論議については、松原治郎『日本の社会開発』（福村出版、1968年）、序章および第4章、松原治郎（編）『社会開発論（社会学講座14）』（東京大学出版会、1973年）、第2章、加藤寛・武藤忠義（編）『社会開発政策』（青林書院新社、1975年）、第1章などを参照。

(7) 例えば、加藤寛・武藤忠義（編）の前掲書で想定されている社会開発の主体は、中央政府、地方自治体、民間企業、および第三セクター（公共部門と民間部門の共同機構）である。同書では、住民参画にも関心が向けられてはいるが、それは、「上から」設定された枠組みへの参加以上のものを意味するとは考えられない。一方、松原治郎は、社会学の観点から生活構造論、生活環境論、住民運動（住民参加）論、地域計画論を社会開発論の内容として含むべきだとした上で、住民参加を重視した社会開発論としてのCommunity Development論とCommunity Organization論の展開を追っている（松原治郎（編）、前掲書の第1章、第2章）。そこでふれられている議論のいずれにも、社会開発の主体あるいは枠組みとしてコミュニティが重視されている姿勢が看取でき、その意味で、主体、枠組みに対する問題関心の進展が窺えるが、しかし、コミュニティ自体をどう規定するのかという問題に踏み込んでいるようには見受けられない。なお、コミュニティ論と

結びついて展開された当時の社会開発論の系譜については、恩田守雄『開発社会学』（ミネルヴァ書房、2001年）をも参照。

(8) 邦語文献でSocial Developmentに言及した最近のものとしては、注(5)でふれたもの以外に、ECFA（海外コンサルティング企業協会）開発研究所（編）『発展途上国の社会開発ハンドブック』（ECFA、1994年）、社会開発研究会（編）『入門社会開発』（国際開発ジャーナル社、1995年）、西澤信善「社会開発の課題」豊田俊雄（編）『開発と社会』（アジア経済研究所、1995年）、第5章、佐藤誠（編）『社会開発』（ミネルヴァ書房、2002年）などがある。但し、このうちの最初の二点（一部の著者が重複）については、Social Developmentを「人間や社会の側面を重視する（途上国）開発アプローチ」としつつも、内容的には開発事業・プロジェクトに視野を限定しがちである。なお、Social Developmentに対する世界銀行の認識については、World Bank, *Advancing Social Development* (World Bank, 1995) を、IMFの立場については、IMF, *Social Dimensions of the IMF's Policy Dialogue* (IMF, 1995) をそれぞれ参照。また、国連社会発展サミット宣言、行動計画の次節以下でふれる部分は、いずれも *The Copenhagen Declaration and Programme of Action: World Summit for Social Development* (U. N. Dept. of Public Information, 1995) に依ったが、宣言の邦訳文については、西川潤（編）、前掲書に付されている社会発展NGOフォーラムによるものを参照した。

(9) 前章では、*Human Development Report* に専ら依拠してこの点を明らかにしたが、同レポート発刊の原動力となったMahbub ul Haqの人間発展認識にも同様の指摘ができることをここで付言しておきたい。同氏は、1995年11月に自らの出身国パキスタンにHuman Development Centre（HDC）を創設し、南アジアにおける人間発展の推進にも尽力してきたが、その活動の一環として1997年に創刊された南アジア版の人間発展レポート（HDC, *Human Development in South Asia 1997* (Oxford University Press, 1997)）では、「人々による」発展に一章が割かれ、23にも及ぶ「市民社会イニシアティブ」の成功例が紹介されている。その内容、特に9つの点にまとめられた成功例の背景は非常に興味深いが、しかし、基本的視点は国家ガヴァナンスにおける国家・中央政府とNGOの関係のあり方に置かれており、市民社会アクターを中心とする貧困緩和・解消の枠組みを国家ガヴァナンスを超えて構想しようという姿勢は全く見受けられない。そこには、人間発展をあくまでも国単位の経済成長という枠組みの中で考えようとする同氏の認識（この点については、さらにMahbub ul Haq, *Reflections on Human Development* (Oxford University Press, 1995)〔邦訳／佐藤秀雄ほか（訳）『人間開発戦略』（日本評論社、1997年）〕を参照）が反映されていると言えようが、し

かしなお明らかでないのは、その歴史的、構造的、あるいは理論的な根拠がどこに求められるのかという点である。
(10) 例えば、国連環境開発会議でのリオ宣言・第10原則、アジェンダ21の主要グループの役割にふれた諸章（第23章～第32章）を参照。なお、アジェンダ21で想定されている国家以外の主要グループとは、地方自治体、労働組合、女性、児童・若者、先住民、コミュニティ、NGO、実業・産業界、科学技術コミュニティ、農民である。このうち、労働組合の環境問題に対しての取り組みに関する課題と展望については、福井幹彦「地球環境問題と労働組合」愛知大学経済学会『経済論集』第139号（1995年）、1～30頁を参照。
(11) ここで特に参照するのは、UNRISDが社会発展サミット用に準備したレポート（UNRISD, *States of Disarray: The Social Effects of Globalization* (UNRISD, 1995)）とエージェントに関する論点に関してその下敷になったペーパーの一つであるMarshall Wolfe, *Social Integration: Institutions and Actors* [Occasional Paper for World Summit for Social Development, No. 4] (UNRISD, 1994) である。なお、ここでは具体的な内容にはふれないが、社会発展サミットに向けてアジア・太平洋地域での社会発展の目標、実現のための条件をとりまとめた国連アジア・太平洋経済社会委員会（ESCAP）での一連の作業の中でも、関与とパートナーシップという表現が前面に出されはしなかったものの、市民社会アクター、特にNGOの貢献が従来にも増して強調されている（例えば、ESCAP, *Manila Declaration on the Agenda for Action on Social Development in the ESCAP Region* [ST/ESCAP/1464] (United Nations, 1995) やESCAP, *Enhancing the Role of NGOs in the Implementation of the Agenda for Action on Social Development in ESCAP Region* [ST/ESCAP/1625] (United Nations, 1995) を参照）。
(12) ちなみに、第Ⅰ部ではグローバル化の動向が分析され、第Ⅱ部ではグローバル化の進展が社会問題（犯罪、麻薬、民族対立など）に及ぼす影響について考察されている。
(13) NGOとコミュニティ組織の現状に対する以下の6つのパラグラフに及ぶ問題指摘は、UNRISD, op. cit., pp. 138-142を基礎とし、Marshall Wolfe, op. cit., pp. 22-28によって補足した内容である。
(14) 以上の問題状況に関連して、先進諸国や国際諸機関からの援助がNGOを介して供与されるに従って、政府によって創設されたり支援されたりするNGO（GRINGOs: Government-run, -inspired or -initiated NGOs）や実業界によって組織されたNGO（BONGOs: Business-organized NGOs）などが増大している、との分析もある（例えば、Karino Constantino-David, "The Philippine Experience in Scaling Up", in M.

Edwards & D. Hulme (eds.), *Making a Difference: NGOs and Development in a Changing World* (Earthscan Publications, 1992), ch. 13を参照)。
(15) この点は、同じくUNRISDから刊行されたJessica Vivian & Gladys Maseko, *NGOs, Participation and Rural Development: Testing the Assumptions with Evidence from Zimbabwe* [Discussion Paper, No. 49] (UNRISD, 1994) に基づいた問題提起であるが、Community Developmentを重視・評価する議論においてコミュニティに対する認識がしばしば実態からかなりかけ離れているとの指摘は、今日非常に多くなっている（例えば、Melissa Leach et al., "Challenges to Community-based Sustainable Development", *IDS-Bulletin*, Vol. 28, No. 4 (1997), pp.4-14を参照）。なお、本章で参照したUNRISDの刊行物ではふれられていないが、ESCAPでのNGOに関する審議過程で指摘され、以上と同様に看過できないと思われるもう一つの問題点は、NGOの増大に伴ってNGO同士での対立も激化しており、NGO相互の調整が不可欠になっているという点である（ESCAP, op. cit. (*Enhancing*……), pp. 55-56)。
(16) Lester M. Salamon, "The Rise of the Nonprofit Sector", *Foreign Affairs*, Vol. 73, No. 4 (1994), pp. 109-122.
(17) こうした論調を背景に、社会科学の分野でもNGO論、非営利セクター・NPO論、「社会的経済」論などが展開されてきていることは、周知の通りである。ただ、後の議論との関係において強調しておきたいのは、その多くが、組織上の属性という観点からの議論にとどまっているという点である。
(18) マイクロクレジットの代表的な試みはバングラデシュのグラミーン銀行と言ってよいが、グラミーン銀行とは、よく知られているように、チッタゴン大学経済学部で教鞭をとっていたYunusによって1976年に実験的に始められた脱貧困を企図したスキームである。土地なし貧困層が金貸し業者から運転資金を一日当たり10％の利子率で借り入れ、かえって益々厳しい生活苦に悩まされるようになった状況や、見事な竹細工を編む技術をもっているが元手資金がないために原材料を業者から借り入れ、その返済を製品を買い取ってもらうという形で行っていた女性が、買い取り値が非常に低く設定されていたために運転資金すらなかなか蓄積されず自立できずにいた状況などを、大学キャンパスの近くで目にした同氏が、貧困緩和・解消には資金・物資を贈与することよりも、自活可能な生活基盤を自力で整備できるよう一時的に資金を融通することの方が肝要であるとして始めたものである。その際、融通しっ放しではなく、返済して必要があればまた借り入れるという形でのクレジット機能を存続させることも重要とされ、貧困で何の担保もないような人々でも借入れ資金を返済できるような仕組みが、小グループに

よる連帯責任制などの形で考案された（創設の経緯については、Muhammad Yunus, *Grameen Bank: Experiences and Reflections* (Grameen Bank, 1994) や Alexander M. Counts, *Give us Credit* (Times Books, 1996), ch. 2を参照）。グラミーン銀行は、その後のパイロット・プロジェクト段階（1979～82年）を経て、女性を中心にバングラデシュで急速にネットワークを拡大していき、1983年には、バングラデシュ政府の法令によって正式にクレジット・バンクとしての認可を受けた。2001年末時点では、バングラデシュ国内の4万4百余の村落に237万名強のメンバーを擁するまでに至っている（*Grameen Dialogue*, No. 50 (2002), p. 16による）。同時に、グラミーン銀行に倣って同種のスキームを導入するケースが他の発展途上諸国だけでなく先進諸国でも増大するようになった。その際、民間組織だけではなく、中央・地方政府をはじめとする公的機関によってもレプリカ組織の設立が進められたが、Hillary Clinton女史が、アーカンソー州で同種のスキームを創設するために1987年にグラミーン銀行本部にアプローチしたことが大きな契機となって、グラミーン銀行のレプリカ組織の設立を世界的に促進するための機関として、グラミーン・トラスト（Grameen Trust）が独立した形で創設された。グラミーン・トラストは、International Dialogueなどのプログラムを通じて、レプリカ組織の設立を世界各地で支援してきており、その数は200をはるかに超えるに至っている。また、こうした実績は国際援助諸機関の目に留まるところともなり、例えば、1995年には、世界銀行がグラミーン銀行に倣ったマイクロクレジット・スキーム設立のための融資を開始することを決定している（最初の予算規模は2億3000万米ドル）。なお、最貧層のためのマイクロクレジット・サービスを促進する目的で援助供与側の協議機関として同時にCGAP（Consultative Group to Assist the Poorest）が結成され、その事務局は世界銀行本部内に置かれた。さらに、1997年2月には、こうした動きを世界的に集約し、マイクロクレジットのスキームを世界的にさらに拡大していくためのキャンペーン企画として、マイクロクレジット世界サミットが開催されている。

(19) 前節で既述のように、コペンハーゲン宣言前文第4項では、社会のすべてのセクターにおけるガヴァナンスが必要である旨が謳われており、そうした問題意識が窺われる訳ではあるが、同宣言の本文や行動計画では国家・中央政府や援助機関など従来のエージェントのガヴァナンスに焦点が当てられがちで、市民社会アクターにまで同種の議論が及んでいない。しかし、むしろ市民社会アクターのガヴァナンスにこそ今後の考察の焦点を当てる必要があろうというのが、ここでのポイントである。

(20) 「良い統治」論におけるガヴァナンスの把握が、従来のガヴァナンス概念の用例

に照らして独特である点は、「良い統治」が欧米型民主主義体制と密接に結びつけられて用いられている点に端的に示されていると言える。この点に関しては、そうした用例を批判的に検討したWilliam D. Graf, "Democratization for the Third World", *Canadian Journal of Development Studies*, 1996 Special Issue, pp. 37-56やGerald J. Schmitz, "Democratization and Demystification: Deconstructing Governance as Development Paradigm", in David B. Moore et al. (eds), *Debating Development Discourse* (Macmillan, 1995), ch. 2が参考になる。

(21) この点については、J. Avina, "The Evolutionary Life Cycle of Non-governmental Development Organizations", *Public Administration and Development*, Vol. 13, No. 5 (1993), pp. 453-474やAdil Najam, "NGO Accountability: A Conceptual Framework", *Development and Change*, Vol. 14, No. 4 (1996), pp. 339-353を参照。

(22) 貧困者が生計維持能力を自力で増大させるという点に関連して、Yunusが、雇用機会を増やすこと（あるいは貧困者側から見た場合には「雇用されること」）が、貧困緩和・解消にとって必ずしも有効ではないという見方をしていることが注視される。貧困は、貧困者自身の財産基盤が、時間を追って収入を増やしていけるような形で連続的に強化されていく過程がなければ緩和・解消されないのであり、「雇用されること」によってそうした過程をつくり出すことはなかなか困難である、というものである。そこで、同氏がむしろ奨励するのは自営、すなわち「自分で自身を雇用すること」であり、この出発点を踏み出すために最も不足している機能がマイクロクレジットとされた（以上のYunusの考え方については、例えばDavid Bornstein, "Grameen Bank: Banking on the Poor", *Development Issue*, No. 40 (1997), pp. 24-27を参照）。

(23) 上から指導あるいは強制され、しかも生活全般に及ぶような国家社会主義の下での集団化と全く異なることは多言するまでもない。なお、1950年代から60年代にかけての韓国および中国における貧困削減状況を分析したWignarajaは、そこから得られる教訓の一つとして、参加型民主制、分権的意志決定機構、貧困者自身によって考案された自己修正のメカニズムをもった貧困者の組織が、貧困の緩和・解消に大きく貢献するという点をあげている（Ponna Wignaraja, "Poverty Eradication: Lessons from China and South Korea in the 1950s and 1960s", *International Social Science Journal*, No. 148 (1996), pp. 191-205）。

(24) 貧困緩和・解消のための社会的枠組みの中での市民社会アクターと国家の関係については「新しい社会契約」論が提起されているところであるが、この議論では、国家の直接的介入なくしては大衆的貧困からの脱却は困難であるとされており（例えば、John Friedmann, "Rethinking Poverty: Empowerment and Citizen

Rights", *International Social Science Journal*, No. 148 (1996), pp. 161-172を参照)、筆者の認識とは異なっている。なお、市民社会アクター中心の貧困緩和・解消の枠組みの中での国家に求め得る機能に関しては、地域における参加の枠組みの整備、地域への外部からの援助・融資を高めるための支援、保険の引き受け、教育・訓練機会の提供、大規模なインフラへの投資、地域を超えて発生する外部経済の調整などが間接的なものとして提起されている(Pranab Bardhan, "Research on Poverty and Development: Twenty Years after Redistribution with Growth", *Annual World Bank Conference on Development Economics 1995*, pp. 59–72およびこれに対するMichael Liptonのコメント(Ibid., pp. 73-79)を参照)が、いずれにせよ一般的な形ではなく、具体的な貧困状況や市民社会アクターが担う機能に対応する形で、そうした機能を整理することが必要であろう。

(25) 注・(17)でもふれたように、新しいアクター自体についての調査・研究は進められてきたが、それを発展あるいは貧困緩和・解消と結びつけながら「社会の発展」論として再構成しようとする試みは意外に見当たらない。例えば、Amara Pongsapich & Nitaya Kataleeradabhan, *Thailand Nonprofit Sector and Social Development* (Chulalongkorn University, 1997) は、タイにおける市民社会アクターに関する研究として非常に参考になるが、その表題にも拘らず市民社会アクター自体の現状分析にとどまっており、そこから社会発展論を展開する内容にはなっていない。なお、貧困研究の分野で幾多の業績を残してきたLiptonも、最近の小論の中で、貧困を社会的排除という観点から捉える(従って、貧困緩和・解消を社会統合の問題として考える)近年の新しい動き(この動きをレビューしたものとしては、Pierre Strobel, "From Poverty to Exclusion", *International Social Science Journal*, No. 148 (1996), pp. 173-189が参考になるが、さらに本書の第4章も参照)に賛意を示しつつも、そうした方向での研究には課題が多くまだ殆ど進められていないとコメントしている(Michael Lipton, "Editorial: Poverty Are There Holes in the Consensus?", *World Development*, Vol. 25, No. 7 (1997), pp. 1003-1007)。

(26) Amartya K. Sen, "A Decade of Human Development", *Journal of Human Development*, Vol.1, No.1 (2000), p.22.

【参考資料】
国連社会発展サミット行動計画・第5章B「市民社会の関与」

85. 社会発展に関するコペンハーゲン宣言とサミットの行動計画を効果的に実施するためには、コミュニティ組織と教育、健康、貧困、社会統合、人権、生活の質改善、および救済・復興の分野で活動する非営利の非政府組織を強化し、政策の形成と実施にそれら組織が建設的に参加できるようにすることが必要である。そして、このために求められるのは以下の諸項である。
(a) 特に恵まれない人々や社会的弱者の間でのそうした組織の創設と発展を奨励・支持すること。
(b) そうした組織が社会発展の戦略とプログラムの策定、実施、評価に関与するための法制上の枠組み、制度的取り決めと諮問のメカニズムを打ち立てること。
(c) 参加による計画作成、プログラム策定、実施と評価、経済・財務分析、信用管理、研究、情報伝達、アドボカシーといった重要な分野での、そうした組織を対象とした能力形成プログラムを支援すること。
(d) コミュニティのレベルで発意され、管理されているイニシアティブに対して、小規模な贈与プログラムや技術上、およびその他の行政上の支援といった手段を通じて資源供与を行うこと。
(e) そうした組織の間でのネットワーク形成、専門家と経験に関する情報の交流・交換を強化すること。

86. 民間部門を含めた市民社会の社会発展に対する貢献は、以下の諸項によって高められよう。
(a) 社会発展の面での政府と市民社会の間のパートナーシップと協力を促すような計画および政策形成の手続きを発達させること。
(b) 特に就業機会の創出、就業場所での社会的支援サービス、生産的資源へのアクセスとインフラストラクチャーの建設に関係した、社会発展に将来的に貢献する非営利的活動を含めて、企業が投資その他の政策を追求するよう奨励すること。
(c) 特に公正な条件の下での就業機会の創出、訓練や健康管理その他の基礎サービスの供与、および持続的経済成長と持続可能な発展を促すような経済的環境の発達に関連した社会発展プログラムの作成と実行に対する労働組合

の参加を可能にし、また奨励すること。
(d) 持続可能な農業・農村開発政策・プログラムの策定と実行に対する農民の代表者組織と協同組合の参加を可能にし、また奨励すること。
(e) 貧困な生活を送る人々や社会的弱者集団などの内部で、協同組合の発展を奨励・促進すること。
(f) 特に発展途上諸国の学術・研究機関に対して、社会発展プログラムに対する貢献という側面で支援し、また、特に経済的社会的発展に関する情報と構想の収集、分析および普及によって、社会進歩に関する独立した、公平無私で客観的なモニターを行うことができるようなメカニズムを促進すること。
(g) 教育施設、メディアその他の広報・世論機関が、社会発展の諸課題を特別に扱い、また、社会政策に関する広範で情報の行き届いた議論を社会全体で促進するように奨励すること。

第3章

参加型貧困評価と貧困緩和・解消のための「公共行動」

1. はじめに

　国連システム[(1)]を中心にした、貧困緩和・解消に向けた国際的な取り組みの近年における強化には、前の二つの章でふれた動き以外にも注視すべき動きが少なくない。例えば、UNDPは、1996年に貧困戦略イニシアティブ（PSI：Poverty Strategies Initiative）に着手した。また、周知のように、*Human Development Report*の眼目の一つを貧困撲滅に置いてきたが[(2)]、1997年版では、それまでのHDI（人間発展指数）に加えてHPI（Human Poverty Index：人間貧困指数）を提起し、貧困撲滅のための人間発展という問題意識を一層鮮明にする一方、1998年からは別個に*Poverty Report: Overcoming Human Poverty*を刊行し始めた。*Human Development Report*が毎年設定されるテーマごとの研究報告としての色彩が強く、内容に関する責任は最終的には編者にあるのに対して、*Poverty Report*の方はUNDPの一般的見解としての性格を有しているという点でも、その発刊が注視されるところである。

　他方、世界銀行の貧困問題への取り組みにも目が離せない。周知の通り、2000/01年版の*World Development Report*の特集内容は、1980年版、1990年版に続いて貧困問題となった。とはいえ、このこと以上に注視されるのは、世界銀行がこの十年余りの間に継続して貧困削減（Poverty Reduction）に大きな関心を寄せてきたという事実である。1991～1999/2000年版の*World Development Report*では貧困が正面きって取り上げられることはなかったものの、*Assistance*

Strategies to Reduce Poverty と *Poverty Reduction Handbook* がそれぞれ1991年と1992年にとりまとめられたのに続いて、*Poverty Reduction and the World Bank* が別個に継続して刊行されてきたこと[3]は非常に注目される。さらに、1997年7月にはPREM（Poverty Reduction and Economic Management）ネットワークが結成され、貧困削減に世界銀行が最大限の寄与をすることが約された。また、1999年には、IMFと共に貧困削減戦略ペーパー（PRSP）を債務救済、援助の条件にする決定をしていることも、以上に関連して見逃せないところである[4]。

これら以外で目につく動きとして、例えば、ユネスコは、1992年から国際社会科学協議会（ISSC）の下にCROP（Comparative Research on Poverty）というプロジェクトをスタートさせ、貧困問題に関する研究者・専門家の世界的ネットワークの形成・強化を通じて、貧困削減の基礎として有用な信頼度の高い知識の創造を目指した活動を続けている[5]。また、失業や不完全就業あるいはインフォーマル・セクター、また児童労働に大きな関心を払い続けてきたILOも、従来の雇用集約型成長論を「貧困緩和のための雇用創出」論によって補完したり、独自の貧困モニター要綱を作成するなどして、貧困問題への取り組みを強化している[6]。

ところで、以上のような貧困への問題関心と行動の集約・統合化が、いわゆる国連改革という文脈の中でどのような意味をもっているのかは非常に興味深い問題である[7]。国連システムの全般にわたって、ほぼ同じ時期に貧困問題への認識が一斉に高まるということは、1980年代以前にはなかった[8]。とりわけ、国連機関とブレトン・ウッズ機関の間では、発展／開発の理念や方向性について意見が分かれることが多かった。とはいえ、この問題は、国際機関の研究者ではもともとない筆者の分析能力を超える問題であり、本章では、むしろ、国連システムを中心とした近年の貧困緩和・解消論の内容を改めて総括し、前の二つの章で検討した議論に関連して注目されるその他の議論の意義と問題点をまとめてみたい。

2. 貧困認識と貧困緩和・解消システムの脱構築

国連システム内での最近の貧困緩和・解消論は、様々な側面で展開が見られる

が、国際開発論の分野での従来の議論を念頭に置いた場合、とりわけ次の二つの点で興味がもたれる。

　第一は、貧困の認識の仕方に変化が見られる点である。「貧困とは何か」は、経済学に限らず広く社会科学の分野で数多くの研究者を長い間悩ませ続けてきた難問と言ってよいが、大まかに言えばそれを"状態"として認識するか、それとも"関係"として認識するのかが、これまでの議論の主たる争点であった。状態としての認識の典型的な例は、家計単位での消費・所得調査に基づいて画定される貧困線によって貧困を認識しようというものであろう。他方、マルクス経済学的な労働者階級の窮乏化論は、関係としての認識の代表例と言えよう。とはいえ、客観性追求のあまりにこれらのいずれのタイプの認識にも欠落していたのは、貧困に悩まされていると見受けられる人々自身が貧困をどう考えているのかという主観的認識への配慮であった[9]。

　これに対して、近年の貧困緩和・解消論で注視されるのは、世界銀行による参加型貧困評価（PPA：Participatory Poverty Assessment）の定式化に代表されるような、貧困当事者の主観的認識を重視しようという姿勢である。情報化の進展に伴って、貧困当事者の主観的認識も外部からの情報によって大きく影響を受けるようになっている以上、貧困当事者の主観的認識を出発点として貧困緩和・解消を考えることには問題も少なくない[10]。だが、貧困者の本格的救済には、何が問題であるのかをまずできるだけ実態に即して把握する作業がどうしても必要だと言えるのであり、その作業の出発点として貧困当事者の主観的認識に配慮しようという姿勢は、従来の取り組みが効を奏さなかったという意味でも、十分に評価される必要があろう。

　第二に注目されるのは、貧困緩和・解消のための制度的枠組みについての認識の変化である。開発によるマクロ的経済成長を通してという間接的な形であるか、それともBHN論に代表されるような貧困層を直接にターゲットとした施策によるものであるかを問わず、発展途上諸国における貧困緩和・解消に関しては、国家に大きな期待が寄せられてきた。それは、近代世界システムへの自立的なアクターとしての参入に当たって近代的国家の確立が求められたこと、別言すれば近

代的国家の確立なくしては貧困緩和・解消のための制度的枠組みづくりが意味をなさなかったこと（正確には、そのように認識されてきたこと）、また、欧米先進諸国における貧困の緩和・解消が、程度の差はあれ、特に20世紀初頭以降国家の介入によって進められてきたことと不可分であろう。これに対して、最近の貧困緩和・解消論の中では、国家以外の多様な主体、とりわけ民衆による制度的枠組みに対しての期待が高まっている。

　周知のように、このような認識は、いわゆる「参加型開発」あるいは「裾野の広い成長」といったスローガンの下に、1980年代にも国連システム内外で見られた。しかし、最近の議論で注視されるのは、国連社会発展サミットでも提起されたような「参加から関与（involvement）へ」の論点の変化であり[11]、国家や外部者によって形成された制度的枠組みへの参加ではなく、制度的枠組み自体を市民、あるいは当事者がつくり上げていくという意味を含んだ関与に比重が置かれるようになっている。

　もっとも、ここでの趣旨は、このような動きを直ちに積極的に評価しようということではない。西欧近代において、機会均等のシステムとしての市場が結果の平等をもたらさないことが社会的問題として認識されるに及んで、結果の平等に向けた制度が様々な形で設営されたことは周知の通りである。それらは、教会によるものであったり、組合的なものであったり、必ずしも、否多くが国家を介さないものであった。それが、ナショナル・ミニマムなどの考えに基づいた国家的社会保障制度に収斂されていくのは、第二次世界大戦に対応して戦争国家体制が確立されていく過程においてであったと言える。戦争国家体制への動員と引き換えに、国家が社会保障サービスを提供するという体制が整えられたのである。このように考えてみると、もともとは「市場 vs. 制度」という文脈で考えられていた貧困対策が、歴史的な経緯から「市場 vs. 国家」という図式の中で考えられるようになってしまい、それが近年に至るまで当然のことであるかのように定着してきたと言えるだろう。だが、元来は「市場 vs. 制度」という文脈で貧困対策を考えるべきであるとすれば、制度を担うべき、あるいはその可能性があるのは国家だけではないはずである。

この意味では、貧困緩和・解消のための制度的枠組みが多元的に議論され始めている最近の状況は、ようやく本来あるべき議論の姿に戻ったとすら言えるかも知れない。だが、問題は、非国家、非政府であればそれでよいとは直ちには言えないという点にある。問われるべきは、貧困緩和・解消に必要とされる機能、その機能を遂行するに適切な制度、そしてその制度を担うに最もふさわしい主体、エージェントとは何かということであろう。非国家、非政府であっても貧困緩和・解消という点で機能不全を起こしているような制度、組織は、縮小・解体されて当然であろう。逆に、国家・政府が非国家・政府組織よりも有効であるような貧困緩和・解消事業もあるかも知れない。近年盛んになっているNGO、NPO、非営利・協同セクターに関する議論の大きな問題点は、エージェントの属性の観点からのみそれらが評価され、機能のパフォーマンスを評価する視点が欠落しがちであるということである[12]。

　ともあれ、以下では、以上の二つの点を別々に取り上げて、内容の検討と問題点の整理を行いたい。

3．PPA（参加型貧困評価）の意義と問題点

　貧困に悩まされていると見受けられる人々の主観的な貧困認識を出発点とすることによって、外部者によるかつ一元的な見方では捉えることのできなかった貧困の実相が明らかになってきた。例えば、貧困の"女性化"の実態は、これまでは、家庭内における男女（夫婦）間の消費・所得格差を反映しない家計単位での消費・所得調査によって明らかにされないできた。特に、女性が外部者による調査に応じることが社会的に忌避されている場合には、女性を取り巻く貧困環境は全く不問に付されてきた。だが、貧困当事者一人ひとりに聞き取りを行う作業を通じて、貧困の実態と認識にジェンダー差があること、また、特に女性を取り巻く貧困環境を女性自身のエンパワーメントを通じて改善することによって、社会全体の貧困状況が著しく改善される可能性があることが報告され始めている。また、貧困の"季節性"という問題も、特定の一時点でのみ実施されがちであった

従来の家計消費・所得調査では明らかにされなかった。しかし、貧困者の声に耳を傾ける調査を続ける中で、例えば子供の学費納入時に、資金・食糧不足と結びついた重労働・疾病という問題が多く発生しがちである実態が明らかにされ、これに即した政策・制度の見直しも進められ始めた[13]。

ところで、2000年から2001年にかけて *Voices of the Poor* (3 vols.)[14]を刊行した世界銀行 は、既に1992年には、このような貧困者の視点から社会を見直す作業をPPA（参加型貧困評価）として定式化し、これまでに貧困評価作業の一環として50カ国以上で80余りのPPAを実施している（但し1999年末まで）。一方、世界銀行以外の国連システム機関でも、同様の問題関心に基づいた取り組みが見られるが[15]、最も体系的な形でそうした作業を進めてきたのは世界銀行であるため、ここでは、世界銀行のPPAを中心に貧困者の主観的認識への配慮の意義と問題点の考察を進めていきたい。

(1) PPA定式化の背景

PPAの命名自体は世界銀行のSalmenとClarkeによってなされたが、それが世界銀行のオリジナルであるかと問えば、否であろう。世界銀行のPPA定式化にとって、やはり1980年代後半から始まっていた現状認識に際しての当事者の「参加」重視、当事者主観への配慮という風潮が影響していたことは否めない。

とりわけ、発展途上諸国の農村の生活状況を把握するための手法としての参加型農村評価（PRA：Participatory Rural Appraisal）の開発は、そうした風潮を代表する動きと言えようが、世界銀行のPPA定式化にも大きな影響を与えたChambersによれば、PRAは、それ以前からあった（特にFreireの影響を受けた）活動家の参加型研究、農業生態系分析、応用人類学、営農システムのフィールド調査、RRA（Rapid Rural Appraisal）の5つの開発研究・実務上の流れが合流したものとして理解できるという[16]。表3－1は、PRAの特徴を特にRRAとの対比においてまとめたものだが、以下で詳しく検討するPPAを念頭に置いた場合に注目されるのは、RRAでは「当事者の知識」を重視した「外部者による学習」が高く評価されていたのに対して、PRAでは、外部者はあくまで媒介的「促進」

表3-1　RRAとPRAの比較

比較項目	RRA	PRA
主に展開された時期	1970年代後半〜80年代	1980年代後半〜90年代
革新の主な拠点	大学	NGO
当初の主な利用者	援助機関、大学	NGO、政府のフィールド調査機関
これまで過小評価されていた重要資源	当事者の知識	当事者の分析能力
主な革新点	方法、チーム管理	行動、実験訓練
支配的な形態	引出、抽出	促進、参加
理想とする目標	外部者による学習（外部者＝主体、当事者＝客体という変わらない図式）	当事者のエンパワーメント（当事者＝主体という方向性）
長期的な成果	計画、プロジェクト、出版	持続可能な当事者サイドの行動と制度

出所）Robert Chambers, "The Origins and Practice of Participatory Rural Appraisal", *World Development*, Vol. 22, No. 7 (1994), Table 1 (p. 958) に加筆して作成。

者にとどまって、当事者が声をあげ、自らの分析能力を駆使して「エンパワーメント」を進めることに対して手助けをすることに主眼が置かれているという点である。外部者が当事者の主観的認識・評価を重視するということではなく、当事者が自らの認識と分析能力に基づいて行動を起こし、さらには制度自体を設計したり、あるいは外部者に対して問題提起を行ったりして問題解決を目指すという方向性が、PRAを特徴づけていると言えるだろう。RRAの場合には、外部者＝主体／当事者＝客体という従来の図式に基本的な変更が見られないのに対して、PRAの場合は、当事者＝主体であるという方向性が明確である。

(2) PPAの内容[17]

　それでは、PPAについてはどうであろうか。PRAに見られた特徴をどのように受け継いでいるのかという観点から、その内容を検討していきたい。

　PPAの眼目は、一言で言えば、貧困当事者との対話を政策対話にまで高めるということのようである。PPAが念頭にある筋書きは、調査対象者を調査過程に積

極的に関わらせる形で、完全に自由で参加的な手法を用いた調査が実施されると同時に、その過程を通じて参加者のエンパワーメントがもたらされ、それに基づいたフォローアップ行動が導かれるというものである[18]。フォローアップ行動とは何かが明確ではないものの、先にふれたPRAの基本線が一応は継承されているように見受けられる。とはいえ、ここでは、さらに具体的な手順を検討しながら、PPAで目指されている方向性がどのようなものなのかを検討しておきたい。

　PPAの命名者の一人であるSalmenによれば、PPAの具体的手順はおおよそ表3－2のようにまとめられる。まず、参加型手法に熟達している調査リーダー（現地の人間が望ましい）が採用され（①）、そのリーダーによって、これから始められる調査に関連する進行中もしくは完了した定性的・社会学的貧困調査がレビューされる（②）。このレビューの主な目的は、何に焦点を当てて貧困者へのインタビューを進めるべきかについての考えをまとめることにある。次いで、構成員のバランスに配慮して現地調査員のグループが任命され（③）、トレーニングが開始される（④）。このトレーニングでは、まず、調査方法論が訓練されるが、特に1対1の対話型インタビューや参加者による観察のための技術の習得に力が入れられる。採用された調査員は、続いて、貧困が異なった社会集団にどのように影響しているのかについて意見交換を行い、また、貧困がより深刻なのはどこか、統計的に有意でかつ実際に動ける範囲のコミュニティの数はどれぐらいか、さらにはどのコミュニティを選ぶかについて結論を出す（⑤）。これらを受けて、調査員は小グループに分けられ（1小グループ当たり2～3名で、必ず最低1名の女性を含む）、各小グループは1～2カ所のコミュニティを実際に訪問して、アプローチのテストを実施する（⑥）。各コミュニティでは、貧困の構成要素、兆候、原因などについて、男女、年齢集団、エスニシティなどの別に意見が徴され、さらに、どの問題が優先して取り組まれるべきか、またなぜそう考えるのかについてのインタビューが実施される。この段階では、また、コミュニティの中で最も貧困な人々がどこに所在しているのかを示す地図も作成される（⑦）。次の段階での作業は、対象を絞った集団の組織化であり、各集団単位で優先事項が整理される。そこでは、同時に、各集団による政府貧困対策の評価（政府の貧困

表3-2　PPAの手順

① 調査リーダー（参加型手法に熟達した現地の人間が望ましい）の採用
↓
② 調査リーダーによる貧困問題に関しての既存の定性的・社会学的研究のレビュー（焦点を当てる問題の確認のため）
↓
③ ジェンダー、人種、民族の諸問題に十分な注意を払う現地調査員グループ（中央政府・地方政府、また現地NGOからの代表者などからなるバランスのとれた編成）の採用
↓
④ 用いられる調査方法に関しての調査員のトレーニング（2～3週間）
↓
⑤ 貧困の分布・状況に関しての調査員間での既存の知識・資料に基づいた意見交換と認識の共通化、および対象とするコミュニティの選定
↓
⑥ 調査員グループの小グループ分けと各小グループによる近隣コミュニティ訪問、アプローチのテスト
↓
⑦ 参加型手法による貧困者地図作成と対処すべき事項についての各貧困集団ごとの優先順位づけ
↓
⑧ 対象を絞った集団の組織化と各集団による政府貧困対策の評価
↓
⑨ 手法が徹底化されているかどうかの確認
↓
⑩ 本調査の実施
↓
⑪ 発見事実に関するレポートと主な結論を抽出するためのミーティング
↓
⑫ 発見事実の分析（参加による発見と、通常の調査で認識される事実の間の異同が焦点）
↓
⑬ フィールド調査の過程と発見事実をレビューするための制度的評価
↓
⑭ 対貧困戦略の見直しに必要な事項を討議するための全国レベルのワークショップ開催

出所）Lawrence F. Salmen, *Participatory Poverty Assessment* (World Bank, 1995), pp. 10-12 に基づいて作成。

諸対策の存在についての知識の有無、それらに対する信頼感の有無、有効性についての評価など）が実施される（⑧）。以上の試行作業の後に、調査員グループは再度会合をもち、調査手法がコミュニティを横断して均一に適用されたかどうかを確認すると同時に、観察された事実についての情報交換を行う（⑨）。続いて、本調査が（各コミュニティごとに2～4日かけて）実施され（⑩）、その結果と結論のとりまとめがミーティングを通じてなされる（⑪）。そして、参加型手法による調査の結果が通常の調査による結果とどのように違うのかが分析され、その違いの政策に対するインプリケーションは何かが検討される（⑫）。これに続くのが、フィールド調査の過程と結果のレビュー、調査結果と現行制度の間のズレ（現行制度が対応できていない貧困の状況）の確認と原因解明、より望ましい戦略実行のためにあるべき制度についての討論（⑬）である。そして、最終段階では、対貧困戦略の見直しに必要な事項を討議するための全国レベルのワークショップが開催される（⑭）。

　以上を通じて改めて知られるのは、PPAは単なる調査手法ではないということである。上の手順⑧までは、このことが必ずしも明確ではないが、手順⑨でのクロスセクション的な視点の重視は、全体的な把握ということを必ずしも念頭に置かずに個々の対象コミュニティに深く入り込んでいく人類学的調査との違いを示している。そして、このようなクロスセクション的配慮を踏まえた上で、手順⑩以降で政策対話に向けた展開が想定されている。

(3) PPAの評価と問題点

　Robbは、これまでのPPAの実施状況を検証し、PPAの機能には情報の収集、(関係者の)態度の変化、政策到達枠組みの強化という三つの側面があることを指摘した上で、多くのPPAが前二者にとどまる傾向があるとしている[19]。政策に対する声は大きくなっているものの、制度的枠組みの変更にはなかなかつながっていないということだろう。

　だが、これは、PPAの実施のあり方というよりはその方法自体に関わる問題であるように思われる。別言すれば、表3－2に示される手順に沿って調査が進め

られる限り、貧困当事者の主体化がもたらされる可能性は低いということである。PPAが同表にまとめられた手順で進められるということは、実際には、調査が外部者（調査チーム）の主導によって一貫して進められるということではないだろうか。

　表3-2では、まず、当事者の合意を得てPPAが実施されるという点が必ずしも明確ではなく、何をどのようにして調査するのかに関して当事者が提案できる機会も見当たらない。貧困の最も悲惨な状況はしばしば社会的に不可視であり、貧困者が語ろうとはしないこと、あるいは語る力をもたないことに貧困の真実が含まれている可能性があるとしたら、こうした手順では不十分であろう。実際、*World Development Report 2000/01*編集の参考のためにという名目でなされたPPAの包括的評価レポートも認めているように、外部調査員は貧困の実相に迫ろうと様々な形で当事者の声を聴取しようとするが、家庭内のジェンダー差別などで示されているように、調査に応じて語ること自体が当事者の状況を悪化させる場合がある。このような場合には、貧困当事者はむしろ語らない、あるいは支障がないことだけを語るであろう[20]。PPAには、従って、語ることのできる環境づくりを進めること、別言すれば、貧困状況を緩和すること自体が含まれるべきであると考えるが、現行のPPAの手順にはそうした配慮が組み込まれているようには見受けられない。PPAの調査者とその調査対象者の出会いが、非対称的な力関係によって支配され続けたままである。

　第二に、従来の貧困対策を評価するチャンスはあるものの、その評価は最終的には、当事者の声として既存の制度的枠組みに吸収されるにとどまっている。エンパワーメントは、大きな声という形では生ずるかも知れないが、例えば、貧困者が主体となって新たな制度を設計するといった形での展開は見込まれていないのではないだろうか。もっとも、貧困者にとって、自分たちを対象としてきた外部組織による制度が機能しており、自分たちの声に基づいてその改善がなされることでさらに大きな便益がもたらされる可能性が残されている場合には、こうした問題を大きく取り上げる必要はないかも知れない。しかし、既にふれたPPAの包括的評価レポートでも明らかにされているように、貧困者は、貧困層への到

達という面で国家が有効ではなかったとしているのみならず、NGOの役割にも限界があり、唯一の"保険"として機能してきた伝統的な社会紐帯も解体しつつあるといった具合に、既存の諸制度に対して全般的に信頼度の低い評価を行っている[21]。

　声をあげることがエンパワーメントの重要な側面であることは確かであるが、その声を制度の脱構築にまでつなげることができるプロセスがなければ、無力感、自信喪失が再び蔓延することになろう。その意味では、声をあげた当事者自身が制度設計を試みようとすることが極めて重要である。この場合、外部者にとっては、そうしたイニシアティブをいかにして「促進」するのか（あるいは妨害しないのか）が鍵となるが、PPAの具体的手順は、こうした方向性を殆ど念頭に置いていないようである。「歴史が明確に示しているのは、ある社会を建設的に変革しようとすれば、それは外部からでは不可能である。経験や考え方に関しての異なった社会との他家受精が社会変革の始動に役割を演じた例は数多いが、真の社会変革は内側から始まっている」[22]とすれば、既存の制度的枠組みの運用に際して貧困当事者の声を反映させるという方向性のみならず、貧困当事者が主体となるという方向性も視野に収める必要がある。現行のPPAは、しかしながら、前者の方向性を主に念頭に置いて進められてきたようであり、貧困者の主体化の契機をPPAが提供するという筋書きは明確ではない。

　以上を総括すれば、現行のPPAでは、当事者＝主体という方向性が明確でなく、むしろ外部者＝主体／当事者＝客体という関係によって作業が進められる傾向が強いと評価できよう。

4．多元的制度・エージェント論と「公共行動」

　前節で提起されたPPAについての問題点は、言うまでもなく、貧困緩和・解消のための制度的枠組みをどう考えるのかというより一般的な問題に関わっている。第2節で既述のように、この問題をめぐる昨今の議論は、国連システム内においてのみならず、一般に多元論、すなわち国家以外のエージェント（とりわけ

市民社会)やそうしたエージェントによる制度構築の可能性を視野に収めた議論が中心になっている。

　ところで、このような議論の背景には、言うまでもなく国家による貧困緩和・解消機能に限界があると認識されるようになったことが関係していよう。もっとも、そうした認識には、さらに次のような二つの側面が含まれている。第一は、文字通り、国家扶助による貧困救済が限られた成果しか収めなかったというものである。これに対して、二つ目は、貧困認識の変化に伴い、貧困の緩和・解消が例えば自立的生活(自活)能力の向上として捉えられるようになった結果として、期待される機能が多元化し、それに国家が十分に応えられなくなった(あるいは国家ではもともと応えられない性格の機能が含まれるようになった)というものである。

　もし、第一の側面で特に問題があるということであれば、それは国家の公共支出や公的サービス供給のあり方の問題として対策を考えることが可能であり、制度的枠組みの脱構築までを視野に入れる必要は必ずしもないであろう。だが、問題が特に第二の側面に関わるということになると、対応策は複雑化せざるを得ない。とりわけ、貧困緩和・解消が自立と結びつけて考えられるようになると、国家権力の制限という制度的枠組みの脱構築につながる難しい問題を避けて通る訳にはいかなくなるであろう[23]。

　貧困緩和・解消のための制度に関する国連システム内での議論は、かつては第一の側面が中心であったが、最近では第二の側面がより重視されるようになり、その結果として多元的制度・エージェント論が展開されるようになっている。ここでは、前節と同様に、世界銀行の議論に主に依拠しながら、貧困緩和・解消にとっての多元的制度・エージェント論の意義と課題を整理したい。世界銀行の議論を踏まえるのは、公表されている出版物を見る限り、国連システムの中で制度、エージェントに関する議論を最も体系的に進めようとしているように見受けられるからである。1995年に総裁になったWolfensonが1999年初めに提起したCDF(Comprehensive Development Framework)も、その一つの到達点と評価できよう。

(1) 多元的制度・エージェント論の現在

　周知のように、世界銀行は、*World Development Report 1997*において、「国家の役割をその能力に近づける」と同時に「汚職と恣意的行為を抑制して民衆に国家を近づける」ことを通じて、開発における国家機能の再活性化をはかろうとした。その際、民衆の声と行動が重要であるとされたが、それは、それ自体としてというよりは、むしろ国家機能の再活性化にとってというものであった。これに対して、*World Development Report 2000/01*では、「国家制度を貧困者に対してより反応的なものにする」ことが考察される一方（第6章）、「貧困者の社会的制度を構築する」ことや「危険に対してミクロレベルで対処できる」ことが同時に検討されている（第7章と第8章）。

　労働集約的成長と社会サービスの広範囲にわたる供与という政府による二面戦略が貧困を解消するとしていた従来の認識から、機会、エンパワーメント、安全の三つが貧困解消の鍵になるとする新たな認識への変化を象徴する内容になっていると言えるが、まず、貧困者の社会的制度については、次のように、三つのタイプのソーシャル・キャピタルに対応する形で考えられるという。第一は、例えば家族構成員間や近隣者間、親友間、仕事仲間間の紐帯を基礎とする制度（結束のソーシャル・キャピタル）であり、第二は、エスニシティや職業の上で背景が異なりながらも経済的政治的地位が似通った個人を水平的に結びつける社会的制度（橋渡しのソーシャル・キャピタル）である。そして、最後が、貧困者と公的組織（銀行、警察など）で有力なポストにある人間を結びつける社会的制度（連携のソーシャル・キャピタル）である。その上で、前二者は、貧困緩和・解消にとって必要ではあるが、長期的にはそれだけでは不十分であるとする。第三タイプのソーシャル・キャピタルの形成、さらには外部からの支持が不可欠であるということだが、他方で、貧困社会での橋渡しのソーシャル・キャピタルの活用が出発点としては重要である、ともしている点が注視される[24]。

　一方、危険に対して対処できることに関しては、フォーマルな対応に加え、否それ以上に個々の人間や家計、小さなグループによるミクロレベルのインフォーマルな対応が注目されている（表3-3参照）。貧困社会と民間部門、国家の間の

表3-3　危険管理メカニズム

目的	非公式なメカニズム		公式なメカニズム	
	個人・家計	グループ	市場ベース	公的対応
リスク削減	・健康上の予防活動 ・移住 ・より安定的所得源の確保	・インフラ等に対する集団行動 ・共同財産、資源管理		・健全なマクロ経済政策 ・環境政策 ・教育・訓練政策 ・保健政策 ・インフラ整備 ・積極的労働市場政策
リスク軽減 —多様化	・作物・作地の多様化 ・所得源多様化 ・物的・人的投資	・職業組合 ・ROSCAs	・金融機関の積立て口座 ・マイクロファイナンス	・農業拡充 ・取引自由化 ・知的所有権保護
—保険	・婚姻、拡大家族 ・作地借用 ・緩衝在庫	・ソーシャル・キャピタルへの投資	・老齢年金 ・各種保険 （事故、障害等）	・年金制度 ・強制加入保険 （失業、疾病等）
ショックへの対応	・財産売却 ・金貸しからの借金 ・子供の労働 ・食糧消費切詰め ・季節的・一時的移民	・相互扶助組織からの給付	・金融資産売却 ・金融機関からの借入	・社会援助 ・雇用提供 ・補助金 ・社会基金 ・現金給付

出所）World Bank, *World Development Report 2000/01*, Table 8.3 (p. 141).

パートナーシップが重要だとはしながらも、貧困者ができることにまずは焦点を当てた考察は注目される。自分でできることは自分で行うということを通じて自らのエンパワーメントをはかることが、外部からの援助や保障と並んで、あるいはそれ以上に重要ではないかという問題提起が示唆されていると言えよう[25]。

(2) 多元的制度・エージェント論の課題と展望

とはいえ、制度とエージェントの多元化の必要を認める以上のような議論にお

いて明確でないのは、貧困のある側面を緩和・解消するための制度的対応に複数の選択肢がある場合に、どれかが他よりも選好されるという考え方をするのか、それともすべてが必要であるという形で考えていくのかという点である。さらに、後者であるとすれば、複数の選択肢の相互調整、あるいはガヴァナンスをどう構築するのかという問題も出てくる。前出の表3－3についても、危険とそれに対する対応策のマトリックスとして有益な示唆を与えてくれているとはいえ、見方を変えれば、エージェントと制度的対応の静態的な並列にとどまっていると述べることもできる。

　この点を先に進める上で参考になると思われるのは、Senらの「公共行動 (Public Action)」に関する議論である。Senが「公共行動」について考察した初期のものとしては、1981年に発表した論文[26]が知られているが、同論文では、政府による公共政策に専ら重点を置いて「公共行動」論が展開されていた。これに対して、貧困緩和・解消の道筋に「成長媒介保障 (Growth-mediated Security)」と「(公的) 支援主導保障 ((Public) Support-led Security)」があることを示したことで知られている1989年刊のDrèzとの共著書[27]の中では、「公共行動」が(中央)政府による公的保障に限定されない広がりをもった概念として提起された[28]。この考え方は、同じくDrèzとの共著による1991年論文[29]でさらに敷衍され、社会保障手段への一層の関与を進めるよう国家の行動に影響を及ぼしたり、重要な公的支援を直接的に行ったりする国家以外の社会制度の役割を含んでいるとされた。「公共行動」プログラムにおけるテコとメカニズムの多元性、特にNGO活動の重要性が、同論文では明確な形で示されている。

　とはいえ、ここまでの議論であれば、先に検討した多元的制度・エージェント論と内容的に大きく異ならない。Senらの「公共行動」論に目が留まるのは、むしろ、こうした一般的認識がインドについての考察を通して具体的に深められるその後の過程においてである[30]。インドの事例分析を通じて、何が人間発展にとっての阻害要因になっているのかが明らかにされ、それを緩和・除去するためにはどのようなエージェントによるいかなる行動、制度が必要なのかを明らかにしていくその過程は実に見事である。

Drèzとの共著による1995年刊の著作の中では、飢饉のように劇的ではない剥奪において公衆の参加というアクティヴィズムが重要であることを指摘した上で、それが社会的行動や個人的行動にまで影響を及ぼし得る点に注目している[31]。そして、例えば、ケララ州では、公衆の啓蒙的議論が、家族の中でのジェンダー的バイアスに抗する文化的な雰囲気をつくり出す上で大きな役割を果たしたこと、そして、このことが、今度はバース・コントロールの普及と出生率低下をもたらし、貧困層の物質的、また社会的環境を改善していったことが説得的に分析されている。この分析を踏まえつつ、このような内容の公共行動は、政府機関の関与を必ずしも伴わない形で社会の悲惨に立ち向かう上で多くのことをなし得るともする。

　もっとも、公衆のアクティヴィズムが、例えば、少数者対象のエリート教育を志向する既存の圧力団体によって政府が働きかけられるという形で展開されることは、大いにあり得る。このようなケースには警戒が必要だとし、最終的には、最も不遇で剥奪された人々自身による政治的組織化が重要だとの結論に至っている。なお、Senらの研究では否定的に位置づけられてきたウター・プラデシ州のケースでは、州政府の無為無策に加えて、不遇者による有効な政治的組織化が不在であったことに、貧困状況が改善されない原因が求められている。

　要約すれば、人々のための人々による「公共行動」には、大きく言えば、政府の姿勢・政策に影響を及ぼすという方向でのものと、民衆自身が主体になるという方向でのものの二つが考えられるが、深刻な社会的分化や大きな経済的不平等が存在するような状況では、前者には限界があり、後者、すなわち、民衆自身の集団的行動や社会運動が決定的な役割を果たす、というのである。

　患者（patient）ではなく主体（agent）として貧困者を見るSen独特の認識[32]を裏づける分析と言えるが、このような作業が示唆しているのは、第一に、貧困者の生活実態の分析に基づいて、貧困の罠から抜け出す上で補填すべき機能を具体的に明らかにし、次にその機能補填を担う制度の設計とその制度を最も適合的に運用するエージェントの選択を進めることが重要だということであろう。そして、第二には、設計された制度や選択されたエージェントは、機能補填を有効に

行っているかどうかという点で常に評価される必要があるということである。既存の制度的枠組みを前提にするのでなく、まずは、以上のような形で制度設計とエージェントの選択を行い、既存の制度・エージェントとの乖離をどのようにして埋めていくのかが検討されなくてはならない。前出の表3－3のようなマトリックスが現実的に意味をもち得るとすれば、それは、具体的な文脈に沿ったエージェントと制度的枠組みの選択がなされた場合であろう。別言すれば、マトリックスを参考にしながら、具体的事象に即した制度の設計とエージェントの選択を行うという作業が次の段階として必要だということである。ちなみに、マイクロクレジットの"成功"物語も、このような流れで制度設計とエージェント選択がなされたことに大きく関わっていると考えられるのであって、技能をもっていない人、金融へのアクセス以外に障害に直面している人の場合には、小集団連帯責任を担保とする小口融資だけで大きな効果がもたらされるとは考え難い。

5．おわりに

　貧困認識の一元化と貧困緩和・解消のための制度的枠組みの国家への集約化は、ある意味では表裏一体の形で展開されてきた。ヨーロッパの歴史の中で、国家的社会保障制度の整備に並行して、問題関心の焦点が貧民（pauper）から貧困へと移り変わっていったことは、このことを端的に示していよう。貧困状態の数量的貧困線への一元化は、制度的対応の一元化にほぼ符合するものであったと言える。

　これに対して、近年の貧困認識の多元化傾向は、貧困緩和・解消のための制度とエージェントの多元的な枠組みを必要としていると言える[33]。つまり、多元的貧困認識は多元的制度・エージェント論に重ね合わされることが必要であり、そのことによって貧困緩和・解消のために有効な制度的枠組みが構築される可能性が出てくると言えよう。

　もっとも、ここから先の作業を一般的な形で進めることは、意味があるとは思われない。むしろ、Senらの作業を参考にしながら、具体的事例に即して例えば、機能、制度、エージェントの三次元マトリックスを作成し、それを実際に運用す

るためのガヴァナンスの条件を考察することが、これから最も必要とされる作業となろう[34]。しかも、その際に併せて重要だと考えられるのは、それが、最終的にナショナルなもののみに収斂されていかないように考慮するということである。前節ではふれなかった表3－3の枠組みの問題点は、それがナショナルなものに収斂された制度的枠組みに過ぎないという点である。例えば、貧困緩和・解消において重要と考えられる「人々による」トランスナショナルな制度的枠組みは、同表には収まりきれないのであり、このような意味での拡張を念頭に置いた見直しが必要である。グローバル化の進展と共に、それぞれの個人の人間発展に影響を及ぼす社会的枠組みは、国家ガヴァナンスには集約できない広がりを持ち始めているからである。

ところで、このような作業において踏まえられるべきなのは、脱貧困の手段や方法について貧困者／コミュニティ自身がどのように考えているのかという点であろう。このことは、現行のPPAのあり方に対して行った問題提起にも密接に関わっている。貧困とは何かについて当事者認識を出発点とするという試みは深められつつある一方で、そのようにして明らかにされた貧困状況から脱却する手段・方法については、当事者が主体になって考えられようとは依然としてされていない。これまでの社会的枠組みのなかで、絶対的貧困者が生み出されてきたのだとすれば、それを変革していくようなイニシアティブは不可欠であり、しかも、それは、当事者による手段・方法論を出発点とすべきであろう。

もっとも、このことは、直ちに国家ガヴァナンスの枠組みを崩すということではない。まずは、貧困からの脱却手段・方法に関する議論の集約を当事者を主体にして進めた上で、それを可能にする制度や社会的枠組み、エージェントを改めて考え、そのようにしてまとめられた内容のガヴァナンスと国家的ガヴァナンスとの異同を明らかにしていくことが出発点となるのではないか、ということである。

なお、近年の「第三の道」論を個人主義回帰的な論調とし、グローバリゼーションを初めとするこれまでの開発／発展に伴う矛盾の解決を事実上個人に転嫁する考え方だと批判する向きがある。さらに、こうした批判の多くは、その結果と

して再び国家政策への依存を提起する議論に終わってしまっているようにも思われる。だが、市場 vs. 国家という旧い図式の中に、脱貧困、さらには人間発展の問題を押し込めてしまうことこそが、今日最も避けなくてはならないことであろう。個人と国家を共に超えたところで、かつ多元的な観点からいかに新たな社会的枠組みを構築していくのかに、貧困緩和・解消の最終的な成否がかかっていると言っても過言ではない。

【注】
(1) ここでの国連システムとは、国連機関といわゆるブレトン・ウッズ機関を含む国連専門機関を総合した概念である。
(2) この点については、本書第1章を参照。
(3) 最初に刊行されたのは1994年であり、1993会計年度についての貧困削減の進捗状況がレビューされている。また、翌1995年には、1994会計年度について同様の作業が行われたものが刊行されている。さらに、1996年に出されたものでは、90年代前半(1995年まで)の貧困削減の取り組みが検証されている。以後、1998年に1996〜97の2会計年度分の、1999年には1998会計年度分、また2000年に1999会計年度分のレビューがそれぞれ刊行されている。
(4) 貧困問題への取り組みを含めた、世界銀行における最近の「変貌」については、大野泉『世界銀行：開発援助戦略の変革』(NTT出版、2000年)が、内部からの一定の分析を試みていて、参考になる。また、PRSPに関しては、『貧困削減に関する基礎研究』(国際協力事業団／国際協力総合研修所、2001年)が参考になる解説を行っている。
(5) 1993年6月以降ノルウェー・ベンゲン大学内に事務局を構えているCROPの成果は多くの出版物によって知ることができるが、代表的なものとしてはElse Øyen et al. (eds.), *Poverty: A Global Review* (Scandinavian University Press & UNESCO, 1996) やDavid Gordon & Paul Spicker (eds.), *The International Glossary on Poverty* (Zed Books, 1999), Willem van Genugten & Camilo Perez-Bustillo (eds.), *Poverty of Rights: Human Rights and the Eradication of Poverty* (Zed Books, 2001), Francis Wilson et al. (eds.), *Poverty Reduction: What Role for the State in Today's Globalized Economy?* (Zed Books, 2001)があげられよう。
(6) 国連社会発展サミットの立役者であったSomaviaが1999年3月に事務局長に就任したことにより、ILOのこのような動きは今後一層加勢されるものと思われる。実際、1999年6月に開催されたILO総会では、「働く価値のある仕事(decent work)」の実現がILOの新たな目標として定められた。この「働く価値のある仕事」とは、権利が保護され、十分な収入を生み、適切な社会的保護が施された生産的な仕事として解されているが、雇用機会と労働権の確保に焦点を当てた従来の目標に比べ、人間発展との関連性がより強く、貧困からの脱却を含意した概念であると考えることができよう。なお、Somaviaの貧困に対する問題認識については、さし当たりJuan Somavia, *People's Security: Globalizing Social Progress* (ILO, 1999) を参照。
(7) 周知のように、1997年7月に発表された国連事務総長の国連刷新案(A/51/950)

では、今後20年間に貧困の最悪の側面の除去と貧困削減の加速という目標に向けた各国単位の努力を支援できるような、国連システム内部での共同的行動の枠組みが示されている。

(8) 例えば、1998年5月には、国連システム諸機関が国連事務総長の呼びかけに応じて Statement of Commitment for Action to Eradicate Poverty（ECOSOC/5759）を揃って採択している。

(9) 例えば、貧困線による認識には、それが導入された当初からこの点に関する問題が発生していた。つまり、19世紀末から20世紀初頭にかけてイギリスで展開されたBoothやRowntreeらの一連の貧困調査においては、文明国人として見苦しくない程度の生活水準を基準にして貧困線が設定されたために、それまで難なく生活を送っていた（救貧法の対象にはならなかった）人々が、貧困者にさせられてしまうという問題が発生した。この点については、例えば、杉野昭博「イギリス社会福祉学における制度的再分配論のゆくえ」日本社会福祉学会『社会福祉学』第32巻、第2号（1991年）、56～76頁を参照。なお、従来の"客観的"貧困認識全般の問題点を整理した研究として、菅原鈴香「貧困概念をめぐる一考察：開発学と人類学からの貢献とヴィエトナムの貧困問題調査の現状と限界」国際協力総合研修所『開発協力研究』第16巻、第1号（2000年）、69～79頁が参考になる。

(10) 例えば、Majid Rahnema, "Poverty" in Wolfgang Sachs (ed.), *The Development Dictionary* (Zed Books, 1992), pp.158-176〔邦訳／三浦清隆ほか（訳）『脱「開発」の時代』（晶文社、1996年）、200～215頁〕を参照。

(11) この点については、本書第2章を参照。

(12) 既に前章でも、同趣旨の問題提起を繰り返し行っている。

(13) 以上については、例えばJeremy Holland & James Blackburn (eds.), *Whose Voice? : Participatory Research and Policy Change* (IT Publications, 1998), ch. 11 を参照。なお、貧困の"女性化"に関連しては、「脱集計化」によって「喪われた女性」論を展開したSenの議論がよく知られている。

(14) これについては、黒崎卓ほか「貧しき人々の声をいかに聞くか」『世界』2000年7月号（岩波書店、2000年）、222～232頁が要領のよい紹介を行っている。

(15) 例えば、UNDPも同じような立場から「貧困評価に貧困者を含める」作業を進めている（UNDP, *Poverty Report: Overcoming Human Poverty 2000*, ch. 10を参照）。なお、非常に興味深いことに、バングラデシュについては、UNDPダッカ事務所の方が世界銀行に先行して参加型の貧困評価を進めている（その内容については、*UNDP's 1996 Report on Human Development in Bangladesh*, Vol. 3を参照）。

(16) Robert Chambers, "The Origins and Practice of Participatory Rural Appraisal",

World Development, Vol. 22, No. 7 (1994), pp. 953-969 および ditto, *Whose Reality Counts ?* (I T Publications, 1997), ch.6〔邦訳／野田直人・白鳥清志（監訳）『参加型開発と国際協力』（明石書店、2000年）〕．

(17) この項でのPPAに関する記述は、主にLawrence F. Salmen, *Participatory Poverty Assessment*（World Bank, 1995）, Deepa Narayan et al., *Crumbling Foundations, Conflicting Relations* [Paper prepared for Global Synthesis Workshop]（World Bank, 1999）, Caroline Robb, *Can the Poor Influence Policy? : Participatory Poverty Assessments in the Developing World*（World Bank, 1999）に依拠している。

(18) Deepa Narayan et al., op. cit., pp. 9-10.

(19) Caroline Robb, op. cit., p. 19. また、武田圭太「世界銀行の参加型貧困アセスメントによる貧困理解への新しい取り組み」『愛知大学国際問題研究所紀要』第117号（2001年）、73～85頁をも参照。

(20) Deepa Narayan et al., op. cit., p. 15. なお、先述の *Voices of the Poor* についても、声のとりまとめは外部調査員主導でなされていて、結果的に当事者の声を反映していない、との批判的コメントが少なくない（例えば、John Pender, "Voices of the Poor: Who is Talking ?", *CBR Bulletin*, Vol.3, No.2 (2001), pp.20-21）。

(21) Deepa Narayan et al., op. cit., ch. 1.

(22) Rajni Kothari, *Poverty: Human Consciousness and the Amnesia of Development* (Zed Books, 1993), p. 152.

(23) この問題は、原理的には、第二世代の人権としての社会権が国家による介入、保障を前提としていたのに対して、第一世代の人権としての市民権の確立が国家権力の制限と不可分であったという点に関係している。

(24) World Bank, *World Development Report 2000/01*, pp. 128-131.

(25) Ibid., pp. 140-146.

(26) Amartya Sen. "Public Action and the Quality of Life in Developing Countries", *Oxford Bulletin of Economics and Statistics*, Vol. 43, No. 4 (1981), pp. 287-319.

(27) Jean Drèz & Amartya Sen, *Hunger and Public Action* (Clarendon Press, 1989).

(28) この点については多くの邦語の文献でも指摘されている通りであるが、例えば、鈴村興太郎「機能・福祉・潜在能力：センの規範的経済学の基礎概念」『一橋大学・経済研究』第49巻、第3号（岩波書店、1993年）、193～203頁を参照。

(29) Jean Drèz & Amartya Sen, "Public Action for Social Security：Foundations and Strategy", in Ehtisham Ahmad et al. (eds.), *Social Security in Developing Countries* (Clarendon Press, 1991), pp. 1-41.

(30) Jean Drèz & Amartya Sen, *India: Economic Development and Social Opportunities*

(Oxford University Press, 1995) と Jean Drèz & Amartya Sen (eds.), *Indian Development: Selected Regional Perspectives* (Oxford University Press, 1997) の二部作を参照。

(31) Jean Drèz & Amartya Sen, op. cit. (*India: ……*), p. 88. なお、このパラグラフを含む以下三つのパラグラフの記述は、同書の第5章と第8章、および Jean Drèz & Amartya Sen (eds.), op. cit. の第1章と第2章に多くを負っている。

(32) このような認識については、Amartya Sen, *Development as Freedom* (Alfred A. Knopf, 1999)〔邦訳／石塚雅彦(訳)『自由と経済開発』(日本経済新聞社、2000年)〕を参照。

(33) Toyeは、グローバルなアジェンダとして提起されている貧困緩和・解消は、国家単位のアジェンダに置き換えられることによって有効性を増すと論じているが(John Toye, "Nationalising the Anti-Poverty Agenda", *IDS-Bulletin*, Vol. 30, No. 2 (1999), pp. 6-12)、筆者の立場は逆である。そのようなことによって、かえって貧困者を主体とした貧困緩和・解消の可能性が閉ざされるのではないだろうか。

(34) 制度に関して特集を組んだWorld Bank, *World Development Report 2001/02*には、こうした作業を進めていく上で参考になる事例が多く掲載されている。三部構成になっている同レポートでは、「企業」と「国家」に続いて、第3部で「社会」が取り上げられているが、その中では、具体的な事例にふれつつ、貧困者にとってインフォーマルな制度が果たす機能の重要性が提起されている。

第4章

ソーシャル・キャピタル論と貧困緩和・解消

1. はじめに

　自然資本（natural capital）やその転換形態である物的資本（physical capital／produced capital）、金融資本（financial capital）、さらには人的資本（human capital）に加えて、ソーシャル・キャピタル（social capital）が経済発展の鍵になるという考え方が、近年強まっている。社会関係資本と邦訳されることが多い点に示されているように、人間同士のネットワークや関係、集団内で共有された規範などが、経済発展の成否に大きく影響するというものである[1]。こうした議論の包括的サーベイを行ったWoolcockは、ソーシャル・キャピタルに関心が集まっている理由に関連して、「最も聡明で適格な人間の手中に最新の装備があり、また同じ人の心中に最も革新的なアイデアが宿っていたとしても、その人間が他の人々に知らせたり、注意を促したり、あるいは手助けしたりできる関係をもっておらず、仕事を広めることができないのであれば、そうした装備もアイデアも大きな実を結ぶことはない」と述べているが[2]、この主張には確かに頷けるものがある。ソーシャル・キャピタル論では明示的な言及が必ずしも多くないものの、かつての経済成長論で提起された「（ソローの）残余」や成長会計分析での「全要素生産性」の内容、また、最近の新成長理論で内生化が試みられている要因に密接に関連した議論だとも言えよう[3]。技術革新を生み出す要因として、例えば研究スタッフの協同関係や迅速な学習ネットワークが重要だということになれば、外生的要因と考えるか内生化するかはともあれ、何らかの形でそれらを理論枠組

83

みの中に取り込むことはどうしても必要となろう。

　ところで、本章の目的は、ソーシャル・キャピタルが貧困緩和・解消をもたらす可能性があるのかどうかを検討することにある。ソーシャル・キャピタルがマクロ的な経済発展をもたらし、その結果として貧困の緩和・解消がはかられるという道筋の可能性を検討するのではなく、ソーシャル・キャピタルが貧困者・層の生活状況を直接的に改善する可能性があるのかどうかを明らかにしたいという訳である。

　このような問題設定を行った背景には、国連社会発展サミットなどを契機にして、貧困の重要な側面として社会的排除（social exclusion）に注目が集まってきていることがあげられる。つまり、貧困からの脱却には社会的（再）統合・包含が必要であるということであり、その際に鍵になると考えられる要素の一つにソーシャル・キャピタルが位置づけられる、と考えられる[4]。この点に関連して、既に本書第3章でふれたように、世界銀行は、その*World Development Report 2000/01*の第7章において、結束（bond）、橋渡し（bridge）、連携（linkage）という三つのタイプのソーシャル・キャピタルに言及した上で、貧困緩和・解消の出発点としての前二者のタイプの必要性と、時間が経過するに従っての三番目のタイプの重要性を提起したことは記憶に新しいところである[5]。

　社会的排除が見られるからといって直ちに貧困に見舞われていると言うことはできないにせよ、貧困に見舞われている殆どの人々は社会的に排除された状態にもあるとやはり言えるのではないか。だとすれば、社会的（再）統合・包含を進めることは、貧困緩和・解消にとって重要な課題だと言わなくてはならない。そして、ソーシャル・キャピタルがその課題にどのように関わっているのかを、先にふれた世界銀行の議論の可否を含めて検討することが、ここでのテーマに他ならない。

2. ソーシャル・キャピタルの概念内容とその特徴

(1) ソーシャル・キャピタルの概念内容

　ソーシャル・キャピタルの概念内容は、論者によって実にまちまちである。ソーシャル・キャピタルとはミッシング・リンクであるとしたGrootaertは、経済的資本でも、人的資本や自然資本でもない「残余」の資本としてソーシャル・キャピタルを考察しているが、これは最も広義の、しかしながら、同時に殆ど無意味な概念規定だと言える[6]。また、Fineは、ソーシャル・キャピタル論のサーベイを踏まえつつ、その概念が「包括的で、また支離滅裂とは言えないまでも曖昧であり、しかしながら、（それぞれの研究者によって）分析上都合のよい形で利用されている」とし、そのことが、逆説的にもソーシャル・キャピタル概念の衰退を招いているというよりは、それをめぐる研究の活発化につながっていると述べている[7]。単なる皮肉と片付けることができないほどに、概念上の混乱が深刻だと言っても過言ではないだろう。

　とはいえ、ここでは、ソーシャル・キャピタルをめぐる議論が出てきた背景を振り返ることによって、その概念内容はある程度明確になってくると考えたい。Narayanらによれば、ソーシャル・キャピタル概念の歴史は少なくとも1916年にまで遡ることができるというが、経済発展との関わりにおいてその有用性が着目されるようになったのは、ここ十数年のことであり[8]、その背景には、冒頭で引用したWoolcockの文章に示されているような実に率直な問題意識の広がりがあったと考えられる。従来は、近代化論に代表されるように、ソーシャル・キャピタル論で想定されているような人的ネットワーク、規範、信頼といった要素（特に"伝統的な"もの）はむしろ経済発展を阻碍すると考えられてきた。そうした社会的諸関係が「法の支配」に置換されることと並行して市場が発達し、市場による資源の最適配分を基礎にして経済発展が展開されると想定されてきたのである。その意味では、市場の機能不全を引き起こしている情報の不完全性・非対称性に伴う取引費用を小さくする仕組みとしての「制度」に関心が抱かれた際に、所有権をはじめとする諸権利、契約関係といったフォーマルな制度に注意が

向かったのも当然であった。周知のように、このような問題関心に沿った理論的展開は、新制度学派、「法と経済学」論などによって担われたのであり、それらでは、取引費用の極小化という観点から市場を機能させるためのフォーマルな制度のあり方に議論の焦点が置かれた[9]。

これに対して、インフォーマルな制度、あるいは（法的に）制度化されない社会的関係にも取引費用を縮減する作用をもつものがあり、そうした実態にも眼を向けようとしているのがソーシャル・キャピタル論だと言える。フォーマルな制度、契約関係が必ずしも発達していなくても経済発展が見られるケースがあること、逆にそれらが形式的に整備されていても、現実には、アクセスできる人々の範囲が限定されていたり、手続きの煩雑さなどの理由によってスムーズな取引がかえって阻碍されていたりするなどして、経済発展につながっていないケースがあることは、いずれも経済発展と社会的関係の間の関係が一義的には理解できないことを示している。

経済活動が複雑で洗練されたものになればなるほど、非契約的関係が契約関係によって置換されるどころか、逆にインフォーマルなネットワークや人間関係が契約、制度のスムーズな実施にとって重要になってきているのではないか、との指摘[10]もこの点に関連して看過できない。知的所有権のフォーマルな交換は費用や時間もかかることから、ハイテク関連の研究・開発は、そのインフォーマルな交換に依存しているケースが少なくない。また、特にアメリカでは、中央集権的で官僚的なテーラー主義の生産体制が、決定の遅延や情報の歪みなどを背景に、より現場に権限を委譲した生産体制へと再編されてきたが、そのような生産体制においては、作業場での従業員同士の、また従業員と（中間）管理者との間のネットワーク、信頼がなければ、生産の効率性は確保し得ないであろう。この点は、提言、OJTなどを特徴とするいわゆる日本的生産体制においても同様である。さらに、より一般的には、当事者間で発生するあらゆるタイプの（予期しない）出来事をすべてカバーし、いずれの場合にも迅速な対応ができるような制度、契約はおよそ存在しないと言ってよいだろうし、仮にそうしたことが可能だとしても、そのような制度、契約に関する手続きは相当に煩雑になって、かえって非効率で

コストがかかる結果を招くと予想される。

　いずれにせよ、ソーシャル・キャピタル論が提起された背景を以上のようにたどってみると、ソーシャル・キャピタルとはフォーマルな制度に加えて、インフォーマルで法的に制度化されていない、しかしながら、社会の構成員の（経済的）行動を現実に規定している人的ネットワーク、規範、信頼などの社会的諸関係をも含めた概念として了解できるだろう。

　ところで、周知のように、経済学の歴史の中では、同じような社会の要素、側面に注目した議論は新制度学派以前にも少なからず見られた。市場に見えざる手を導くには協力という規範が必要だとして、「想像上の公平な審判」や「社会規範の内部化」などの形で道徳感情論を展開したのは他ならぬSmithであった[11]。また、1960年代後半以降の新古典派の再隆に貢献したことで知られ、Hicksと共に1972年にノーベル経済学賞を受賞したArrowが、次のように述べていることも注視されるところである。すなわち、「贈与と効率の間の関係についての以上の議論をしめくくるに当たって、私の頭に浮かぶのは、広範に見られる経済生活状態においては誠実さのような美徳が非常に重要だということが本質的な点なのだということである。経済生活における誠実さの重大性についてこれまで述べてきたが、この点はそれだけにとどまらない。あらゆる商業的取引は、事実上、その内に信頼の要素を備えている。長年の間に行われてきたいかなる取引も、確かにそうであった。世界における経済的後進性の多くは、相互信頼の欠如によって説明が可能であるとおそらく議論できるであろう」[12]と。これらに共通しているのは、個々の主体は合理的で、自らの効用を極大化するように意志決定する、という点はその通りだとしても、選択が純粋に利己的に行われる、という点は必ずしもそうとは限らない、ということであろう[13]。

　それでは、こうしたかつての議論と今日のソーシャル・キャピタル論とは、どこが異なるのであろうか。単純化のそしりを免れないかも知れないが、いみじくも、同じArrowがソーシャル・キャピタル概念を早く捨て去るべきだと述べている点[14]に窺い知れるように、かつての議論の多くは、純粋に利己的ではないことの先に何らかの社会共通のルール、規範を独自の研究対象として設定することは

なかった。社会が個人に還元できるという方法論的個人主義の基本認識から出発して、それぞれの個人の認知上の、しかしながら、"結果的に"共有された要素として、規範や道徳などに着目していたものの、それらは、個人の事象の問題であり、社会の事象の事柄として取り上げられることはなかった。それらは、実態としては、自然発生的に共有されるに至ったというよりは、主として国家によってルールとして制度化されることで共有されるようになったと言ってよいにも拘らず、そうした過程の中で重要な役割を果たした関係や構造といった側面に対する配慮は希薄であったと言える。これに対して、今日のソーシャル・キャピタル論は、むしろ、社会が何らかの集団（しかも、しばしば重層的に形成されている）を基礎にして動いているという認識の下に、そうした集団内での、また集団間での認知上のみならず、関係、構造といった側面を含めた社会領域・空間に着目していると了解されよう。

　ちなみに、ソーシャル・キャピタル論には、ソーシャル・キャピタルは個人に帰属するという考え方も見られ、そうした観点とはこのような問題認識は関わりが薄い。ソーシャル・キャピタルの個人志向的アプローチとでも呼ぶべきそのような考え方によれば、ソーシャル・キャピタルは、集団レベルで形成されるとしても、個人レベルの行動と属性の関数であり、個人が時間とエネルギーを費やして初めてネットワーク等が形成されるという側面が重視されるべきだという。換言すれば、ソーシャル・キャピタルを理解するためには、ネットワーク等に実際に投資しようとする個人の意志決定メカニズムを分析することが必要である、ということでもある。このような観点からは、ソーシャル・キャピタルは、例えば「ある人間が他者との相互作用から個人的な見返りを引き出すことを可能にするその人間の社会的特性（カリスマ性、地位、ネットワークへのアクセスなど）」と定義されることになる[15]。

　だが、こうした個人志向的アプローチからの議論は、まさに、かつての議論の延長線上にあると言え、それ故に、改めて新しい理論として提起するには及ばないと考えられる。人的資本論を拡張する形で取り込むことが十分に可能だ、とも言える。実際、人的資本論を提起したことで知られるBeckerも、後年の著作の

中ではソーシャル・キャピタルという概念を用いており、個人の社会的ネットワークをそのストックとして考えていた[16]。むしろ、表4−1に示唆されているような人的資本との違いを踏まえた議論の展開が進められていく必要がある。ソーシャル・キャピタルは何らかのネットワーク、集団に帰属する、従って、一定の公共性を備えた財であるという立論があって、初めて同論が提起された意義を見出せよう。

　このように考えてくると、国家と結びついた、いわば「上から」形成された公共財ではなく、人々によって「下から」生産・蓄積された公共財、あるいは共通（コモン）財という性格をもつものとして、ソーシャル・キャピタルを概念化できるであろう。さらに、個人主義的社会観を前提とした議論では、制度やルール、規範のマクロ的普遍性・同質性を志向する傾向を否定できないのに対して、今日のソーシャル・キャピタル論は、社会的集団やメゾのレベルでのそれらの独自性、従って、マクロ・レベルでの不均質性をむしろ前提にしていると考えられる点が注目される。そして、言うまでもなく、このことは、ソーシャル・キャピタルがフォーマルな制度のみならず、インフォーマルな制度、あるいは制度化されていない社会的諸関係をも含む概念であるという、先に述べた点に密接に関わっている。

　なお、参考までに、いくつかの代表的な研究者、機関によるソーシャル・キャピタルの概念内容を見ておくと、まず、今日のソーシャル・キャピタル論の火付け役と評価されることの多いColemanは、ソーシャル・キャピタルはその機能によって定義できるとした上で、単一の実体ではなく、異なった、しかしながら「何らかの社会構造の側面から構成されており、かつ、その構造内の個々人に対して一定の行動を促す」という二つの要素を共通にもった様々な実体である、としている[17]。そして、「個人にとって有益な資本財産を構成している社会的諸関係」の具体例として、義務と期待、情報のポテンシャル、規範と実効的裁定、権威関係、私用化可能な社会組織などを検討している。

　一方、Colemanと並んで火付け役と評されることの多いPutnamは、調整された行動の促進によって社会の効率性改善を可能にするような信頼、規範、ネット

表4-1　人的資本とソーシャル・キャピタルの相違

	人　的　資　本	ソーシャル・キャピタル
焦　　点	個　人	関係、ネットワーク
尺　　度	（教育等の）継続期間・水準、資格	会員数、参加数、信頼度
成　　果	直接的：所得、生産性	社会的結合、経済的達成、
	間接的：健康、市民活動	ソーシャル・キャピタルの拡充
モデル	線形的	非線形的、相互的、循環的
政策課題	技能形成、アクセス、収益率	市民権、（社会的）能力構築、
		エンパワーメント

出所）John Field et al., "Social Capital and Human Capital Revisited", in Stephen Baron et al.（eds.）, *Social Capital: Critical Perspectives* (Oxford Univ. Press, 2000), ch.14 のTable 14.1（p.250）に加筆して作成。

ワークなどの社会組織の特徴としてソーシャル・キャピタルを捉えている。もっとも、個人の教育的達成との関係においてソーシャル・キャピタルを考察したColemanとは対照的に、Putnamの関心はよりマクロ的な側面に向けられていると言える。つまり、家族・親族を超えた市民的ネットワークとガヴァナンスや経済発展との間の関係にPutnamの研究の多くが割かれており、それらにほぼ共通した知見と言えるのは、市民の間の水平的なボランティア組織への参加度が高いことが重要だというものである[18]。

ところで、市民の水平的ネットワークという意味でのソーシャル・キャピタルが豊富であることが市民社会の発展を促し、それが良好なガヴァナンスと健全な経済発展につながるという立論は、「良い統治」と開発・発展の間に正の相関関係を想定して開発協力を進めつつあった国際援助機関にも少なからぬ影響を与えたと言える。国際援助機関の中でソーシャル・キャピタルに最大の関心を払ってきたと言えるのは世界銀行だが、同銀行は、1996年にソーシャル・キャピタルに関するタスク・フォースをスタートさせている。

その世界銀行は、「ある社会の社会的相互作用の質と量を形成する制度、関係、規範」であって、「社会を支えている制度の全体にとどまらず、それらを支える

接着剤」までを含むとソーシャル・キャピタルを規定した上で、「非常に狭義には、人々の間の水平的な連合」であるが、「より広義には、人々の間の垂直的連合」を含めて考えることができるとしている。さらに、「最も広義で包括的な定義には、社会構造を形成し、規範を発展せしめるような社会的政治的環境も含まれる」ともしている[19]。

一方、OECDは、「集団内、集団間での協力を促進する共有された規範、価値観、理解を伴ったネットワーク」と定義している。そして、ネットワークは、「共同的活動に参加している行為主体の客観的行動を」、また、共有された規範、価値観、理解は、「広く共有されている行動を支配するルールと制裁のみならず、個人や集団の主観的な姿勢や態度をも」それぞれ意味しているとしている[20]。他方、ADBの作業の中には、独自に定義づけを行おうとする動きは見受けられないものの、従来の調査・研究のサーベイの中に、ADBなりのソーシャル・キャピタル観が示されていると言える。すなわち、「望ましい目標を達成するための調整された行動を促進するような市民の社会的関わりに見られる信頼、互酬性、規範、ネットワーク」とソーシャル・キャピタルが概念化された上で、それは歴史、伝統、文化に根差したものであること、また、物的資本や人的資本とは異なり、関係的なものであって社会構造に組み込まれていること、などにも言及されている[21]。

(2) ソーシャル・キャピタルの特徴

以上のように、ソーシャル・キャピタル概念は、論者・機関によって内容にばらつきが見られるが、ここでは、それでもなお共通すると思われる特徴をまとめておきたい。この作業は、言うまでもなく、先に検討した概念内容を確認するという意味をももっている。

まず、第一にあげたいのが、ソーシャル・キャピタルは、社会に事実上「埋め込まれている」(embedded)という点である。「埋め込まれた社会的諸関係」は、決して目新しい概念ではないが、ここで参考になるのは、「弱い絆（weak ties）」論でも知られるGranovetterの議論である。すなわち、「一般化された道徳性とい

う過度に社会化されたアプローチと非人格的・制度的取り決めという過少に社会化されたアプローチの中間に、社会構造の仔細がどちらが見られるのかを決定するというembeddednessのアプローチがある」[22]のであり、あらゆる経済行動は、何らかの社会的関係に本質的に織り込まれているのであって、発展は、その埋め込みの程度ではなく、埋め込まれたものの性質の変化を本質的にもたらす、というのである。規範やルール、制度であっても、社会に埋め込まれていないのであれば、それはソーシャル・キャピタルとは言えないということであり、ここに、新旧のいずれかを問わず制度学派経済学との違いを指摘できる[23]。

　第二に、この点と密接に関わる特徴として、「独立的」(autonomous)であって従属的ではないという点をあげたい。ソーシャル・キャピタルは歴史や文化などに対して従属的である、あるいは経路依存的であるという認識も見られるが[24]、そうだとすれば、ソーシャル・キャピタルを独自の研究対象と考える意義は薄らいでしまう。だが、これまでの行論からも明らかなように、ソーシャル・キャピタルは、発展あるいは貧困（化）などといった社会のダイナミズムと密接に関わる概念として提起されてきた。どの程度独立的であるのかという点はともかくも、ソーシャル・キャピタルがそれ自体として社会のダイナミズムと相互作用的な関係にあることは、多言するまでもない。

　以上の二つが社会との関わりにおけるソーシャル・キャピタルの特徴であるのに対して、以下はソーシャル・キャピタルそのものの特徴である。すなわち、第三として、そもそも「資本」なのかという疑問に関わる点がある。資本とは有形で耐久性があり、また、譲渡可能なものであるという立場からすれば、資本と呼んでよいかどうかは確かに疑問である。数量化などを通して可視化できるにせよ、有形とは必ずしも言えない。また、耐久性については否定はできないにせよ、完全に肯定できる訳でもなく、この点での実態は、物的資本に比較すれば相対的に不安定で、変化しやすいと言えるかも知れない。一方、譲渡可能性については、構成している人間の同意に基本的に依存していると言えるのでかなり難しい面があるにせよ、全く不可能だとも言えない。いずれにせよ、これらの点は、知識や技能についてもほぼ同様であり、人的資本という表現が定着している以上、問題

はないとも言えよう[25]。ともあれ、ここで確認しておきたいのは、生産的かそれとも破壊的かはともかくとして、「それが欠けていれば到達できないような一定の目的の達成を可能にする」[26]という意味で、他の形態の資本と同様の性格を備えているということである。

　第四に、物的資本と人的資本は基本的に個人に帰属し、従って、可動性があるのに対して、ソーシャル・キャピタルは、先にも確認したように、人間関係、社会や集団に共有という形で帰属するものであり、それ故に可動性が乏しいという点があげられる[27]。もっとも、このことは、ソーシャル・キャピタルが常に一定の場（地理的空間）を基礎としているということではない。ソーシャル・キャピタルには、コミュニティの結束に見られるように、確かに場に基礎を置いたものが少なくない。だが、特に橋渡しや連携のタイプに見られる可能性が高いと言えるのは、一定の場を離れ、むしろ特定の機能に沿って形成・蓄積されるソーシャル・キャピタルであり、そうした場合には、ソーシャル・キャピタルを構成するすべての人間にその形成・蓄積の如何が大きく関わっているという意味で可動性に欠ける面があるにせよ、必ずしも場特定的ということではない。

　この点に関連して、第五番目の特徴として、公共財的性格をもっている点をあげたい[28]。排外性の強い結束のソーシャル・キャピタルについては事実上当てはまらないことがあり得るが、基本的には排除原則が不成立であること（いわゆる"ただのり"が可能）、また、非競合的であることから、公共財としての性格を否定することはできない。ソーシャル・キャピタルはそれを構成する個人に還元・分割できないのであるから、その機能や効果は、特定の個人のネットワーク等からの離脱があったとしても、持続するのが通例である。もっとも、その成り立ちに関して、構成する特定の個人の影響力が大きい場合には、その特定の個人の離脱によって機能不全を起こしてしまうようなケースはあり得る。ただ、そのような場合ですら、ソーシャル・キャピタル自体が完全に消滅してしまうということは考え難い。そうした離脱が他の個人の加入によって埋め合わせられることは可能であり、新たなメンバーが離脱者と同様かそれ以上の期待された役割を果たすようになるまでは、それなりの時間がかかろうが、ソーシャル・キャピタルの原

型は維持されよう。

　第六に、物的資本や人的資本については代替性が仮定されてきたが、ソーシャル・キャピタルの場合には、完全に代替可能であるとは言えないにせよ、一部の行動・成果に関しては代替可能である、あるいは、完全に代替不可能であるとは言えないということがあげられる[29]。むしろ、他の形態の資本との関係についてこれまでしばしば指摘されてきたのは、相互補完性である。ソーシャル・キャピタルは、物的資本や人的資本と組み合わさって大きな効果を発揮するという議論であり、逆に、物的資本や人的資本は単独では大きな効果を期待できない、ということでもある。もっとも、このことは、ソーシャル・キャピタルが常にプラスの外部経済効果を発揮するということではない。ソーシャル・キャピタルが必ずしも「社会的に好ましい」財ではないこと、また、その外部経済効果はマイナスであること（外部不経済）がしばしばであること、については、度々指摘されてきた通りである（いわゆる「ダークサイド」論）。

　第七に、物的資本のストックは、減価償却の考慮という点に端的に示されているように、使用により減少する性質をもっているが、ソーシャル・キャピタルの場合には、使用によってむしろストックが増大することも考えられる。逆に、使用しない場合には、消失する可能性が高いと言えるが、この点は、人的資本も同様だと考えられる[30]。なお、物的資本や人的資本については、収穫逓増、収穫不変、収穫逓減のいずれかが考えられるが、この点では、ソーシャル・キャピタルは、両者と共通していると言えよう[31]。

　ところで、Streetenは、ソーシャル・キャピタルには、非耐久消費財、非耐久生産財、耐久消費財、耐久資本財、耐久投資財という五つの側面があると指摘している[32]。希少な時間を犠牲にするという意味では「将来の利益のために現在を犠牲にする」という他の資本形態と同じ性質をもっていると考えることもできるが、「ネットワークの形成自体がりんごの消費と同様に楽しい」という面があることは否定し難い、という。一方、時間を費やして会社、集団に入った結果何らかの経済的利益が得られるという意味では、石炭のような「耐久財の生産過程で消費し尽くされる」非耐久生産財という側面がある、ともしている。また、「ク

ラブへの加入自体が楽しみ」という点では、テレビのような耐久消費財としての性格をもっているということができるが、他方で、「意図的であろうとなかろうと、よい仕事や高収入を生み出す」という側面に着目すれば、ディーゼル・エンジンと同様な耐久資本財と考えることができる、とも述べている。さらに、「隣人に手伝ってもらえば、家内掃除は効率的になる」とすれば、冷蔵庫のような耐久投資財であると言える、ともしている。

この議論のポイントは、言うまでもなく、ソーシャル・キャピタルに耐久性があるかどうか、そして、それ自体が目的なのかそれとも何らかの目的のための手段なのか、という二つである。前者に関して言えば、確かに、実態としては、一時的な、あるいはアドホックなソーシャル・キャピタルが存在し得るとはいえ、ソーシャル・キャピタルに対するもともとの問題関心の中に、耐久性を初めから想定していないものはないと言ってよい。この点は、先の第三と第七の特徴に関わって確認した通りである。他方、後者に関しては、社会学的観点からは、それ自体が目的であるとする議論は少なくないが、経済学的には、やはり手段として考えるのが筋と言える。この点は、いわゆる人的資本論において、例えば教育自体が目的であるとする捉え方が希薄であるのと同様である。社会学や教育学、あるいは文化論などでは、教育を手段として見る見方は馴染まないであろうが、それを資本の重要な源泉であると見る経済学の観点からは、一定の目的のための手段としてそれを位置づけることは至極当然のことである。もっとも、人間発展の観点からは、両者を統合した立論が必要となろう。

3．ソーシャル・キャピタルのタイプ

ソーシャル・キャピタルの概念と特徴を以上のように把握すると、その類型／タイプとしては、まずは、フォーマルなものとインフォーマルなものとがあげられよう。Krishnaによる制度的／関係的という区分（表4-2を参照）や、Uphoffらの構造的／認知的という分類（表4-3を参照）は、いずれもこれとほぼ対応した類型化、タイプ分けの試みと言える。フォーマルなソーシャル・キャピタルと

表4-2　Krishnaによるソーシャル・キャピタルの2類型

	制度的キャピタル	関係的キャピタル
集団的行動の基礎	取引	関係
動機づけの要因	役割（分担）、ルールと手続き、制裁	信条、価値観、イデオロギー
動機づけの性格	極大化行動	適正な行動
実例	市場、法制度	家族、民族集団、宗教集団

出所）Anirudh Krishna, "Creating and Harnessing Social Capital", in Partha Dasgupta, & Ismail Serageldin (eds.), *Social Capital: A Multifaceted Perspective* (World Bank, 2000), p.79, Table 1.

表4-3　Uphoffによるソーシャル・キャピタルの2つのタイプ

	構造的キャピタル	認知的キャピタル
源泉、具体的形態	役割とルール、ネットワークその他の個人的関係、手続きと慣例	規範、価値観、態度、信条
領　域	社会組織	市民文化
動態化要因	水平的連携、垂直的連携	信頼、連帯、協力、寛容

出所）Norman Uphoff, "Understanding Social Capital: Learning from the Analysis and Experience of Participation", in Partha Dasgupta, & Ismail Serageldin (eds.), *Social Capital: A Multifaceted Perspective* (World Bank, 2000), p.221, Table 1.

は、社会で広く、あるいはマクロ的に制度化されている社会的関係であり、それ故に構造的な性格をもつものと考えられる。これに対して、インフォーマルなソーシャル・キャピタルとは、制度化されていない社会的関係、または、社会の一部でしか、あるいはメゾ次元で制度化されている社会的関係であり、特に前者の場合は、認知によるところが大きいという性格を有していると述べることができる。

　他方、機能という観点からソーシャル・キャピタルを区分する試みとしては、世界銀行などによる結束、橋渡し、連携という三区分がよく知られている[33]。結

束のソーシャル・キャピタルが、家族・親族やエスニック集団のような比較的近接した関係が中心の集団に典型的に見られるのに対して、橋渡しのソーシャル・キャピタルは、そうした近接的集団を超えて、より広く社会を結びつける機能を果たすものと言え、ある程度客観的に識別できる属性を共通の基礎にしている場合が多い。橋渡し機能が弱い結束のソーシャル・キャピタルは、偏狭な利害に基づいた非公共的、さらには反社会的な行動に結びつく場合が少なくないとよく指摘されるが[34]、両者の違いを端的に表現したものとして留意が必要だろう。結束を排除的、橋渡しを包含的とそれぞれ置換してこれら二つのタイプのソーシャル・キャピタルが認識される場合があるが、そこでも、この相違が念頭に置かれていると考えられる。

とはいえ、これらの二つは、いずれも同質的な社会で多く見られると言ってよく、その意味では共通している。これに対して、連携のソーシャル・キャピタルは、不均質な社会において、特定の社会集団がその勢力を伸張したり、あるいは劣位性を克服したりする際に有効に機能するものと考えられている。包含的という意味で橋渡しのソーシャル・キャピタルに類似しているとも言えるが、属性などの点で異質な集団の間に展開され得るという側面にこそ、橋渡しとは異なるこのタイプのソーシャル・キャピタルの最大の特色を指摘できる[35]。

さて、以上の二つのタイプ分けの試みは、ソーシャル・キャピタルに関するこれまでの議論の中では、別々に扱われてきた。だが、ここでは、むしろ両者を組み合わせて、6つの象限からなるソーシャル・キャピタルのマトリックスを考えたい。結束、橋渡し、連携のそれぞれについて、フォーマルなものとインフォーマルなものがあるといった具合に6つのタイプのソーシャル・キャピタルを想定したいということである[36]。

4．ソーシャル・キャピタルと貧困緩和・解消

それでは、貧困の緩和・解消にとって、ソーシャル・キャピタルはどのような機能を果たし得るのであろうか。マクロ経済や企業の発展との関係についての研

究に比較すれば、貧困緩和・解消との関係について考察したものは少ないと言えるが、それでも、それらからは、既にいくつかの重要な知見が得られると考えられる。以上と同様に、以下でも、これまでの研究を手がかりにしながら、この問題について考察を深めたい。その際に、言うまでもないことであるが、貧困（化）は社会的現象であり、個人的現象ではないこと、従って、その解決のためには社会的対応が必要だということを前提とする。

まず参照にしたいのは、本章の冒頭でもふれたWoolcockによるサーベイ論文での、ソーシャル・キャピタルの機能とその効果に関するまとめである[37]。貧困（化）がどのような社会的環境の下で発生するのかを確認する上で、参照すべき整理が行われている。すなわち、まず、ソーシャル・キャピタルの特徴を、埋め込まれていることと独立的であることであると確認した上で、それぞれの特徴に伴う機能をミクロとマクロの両面で整理している。すなわち、前者の特徴は、ミクロ面では統合（integration）の、また、マクロ面ではシナジー（synergy）の機能を、また、後者の特徴は、ミクロ面では連携（linkage）、マクロ面では組織的統一性（organizational integrity）の機能をそれぞれ果たすという。ここで、統合は、前節での結束とほぼ同義であり、連携も、前節での連携と同じ意味で用いられていると考えられる。

このような概念設定を行った上で、Woolcockはまずミクロ次元でのディレンマに着目している。すなわち、あるコミュニティ内での社会的関係、信頼が濃密であればあるほど、統合、すなわち結束のソーシャル・キャピタルの「賦存」が多いということになるが、しかし、ここには、第2節でふれた「ダークサイド」論に関わるディレンマを指摘できる。信頼は近距離の関係者だけで抱かれているために、コミュニティの外に向かった展開が限定され、時には、外部との衝突・紛争に発展してしまう場合が少なくないということである。これは、コミュニティ内で統合は見られるものの、連携に欠いている「没道徳的近接者主義（amoral familism）」とでも呼び得るケースである、としている。このようなケースでは、特に外部との経済的交換には大きな取引費用が課されるようになるため、そうした交換の効率性は大きく損なわれることになり、貧困化につながっていく。

これに対して、統合にも連携にも欠いている「没道徳的個人主義（amoral individualism）」とでも呼び得るケースがある、という。狭義の自己利益が経済的社会的活動を支配していて、個人が全くバラバラに存在しているような状況のことで、都市でのホームレスは、その典型例の一つと考えてよいだろう。経済的意味での貧困は都市でと同様に農村でも厳しいと言われることがあるが、農村ではより堅く持続的なコミュニティのネットワークがなお機能している場合が少なくないことを考えると、近親者との絆すら途絶えた都市貧困者よりはまだましであると言っても差し支えない。

　第三に、統合には欠いているが連携は見られるという「アノミー（anomy）」とでも呼び得るケースが想定されている。自由であり多種多様な活動に参加する機会が多いが、安定したコミュニティの基盤がなく、指導や支援、アイデンティティに恵まれない。自由はあるが、支援ネットワークが十分でないために、早い段階で破産してしまうようなスモール・ビジネス、起業者などが、しばしばこのケースに含まれよう。また、移民は、移住先で短期的なコミットメントに終始することが少なくないが、その背景にも、移住先での支援ネットワーク形成には時間がかかるという点が関係していよう。

　以上は、いずれも、貧困（化）が起こり得る社会的環境の説明として十分に説得的である。これに対して、統合と連携とが結びついたケースが考えられ得る。Woolcockはこれを「社会的機会（social opportunity）」のケースと呼び、貧困緩和・解消をもたらす可能性が高いケースとして注目している。具体的には、ROSCAs（伝統的なローテーション式貯蓄・信用組織）とGBMFIs（グループを単位とするマイクロファイナンス制度）に着目し、そこから、貧困なコミュニティが当初は統合を基礎としながらも、やがてはコミュニティを超えて社会的な連携が形成されていくのでなければ、脱貧困、さらには長期的な発展という成果につながることはないとの知見をまとめている。「コミュニティにおける統合という形のソーシャル・キャピタルのストックは、発展のイニシアティブの基礎にはあるが、時間の経過と共に、新たな形態のソーシャル・キャピタル、すなわち、非構成員との連携の構築によって補完されていく必要がある。貧困コミュニティ

において発展が展開していくためには、初発段階での濃密なコミュニティ統合は、時間の経過と共に、コミュニティ外との広範な連携に代替されていく必要がある」[38]というのである。

Woolcockは、この点を別の共著論文[39]で、図を用いて分かりやすく説明している（図4−1参照）。GBMFIsを念頭に置いたこの図からは、次のような貧困からの脱出経路が説明可能である。すなわち、物的担保をもたない貧困村落女性が、相互監視機能をもった小集団に参加してローンを得、それを出発点として、スモール・ビジネスを始めたり、もともと行っていたスモール・ビジネスを拡大したりして、家族の経済的厚生を高める（A点）。しかし、小集団内の結束に依存しているだけでは、ビジネスのさらなる展開を見込めず、経済的厚生の上昇も頭打ちになる（B点）。さらには、同じような形で経済的厚生を増大させようとする

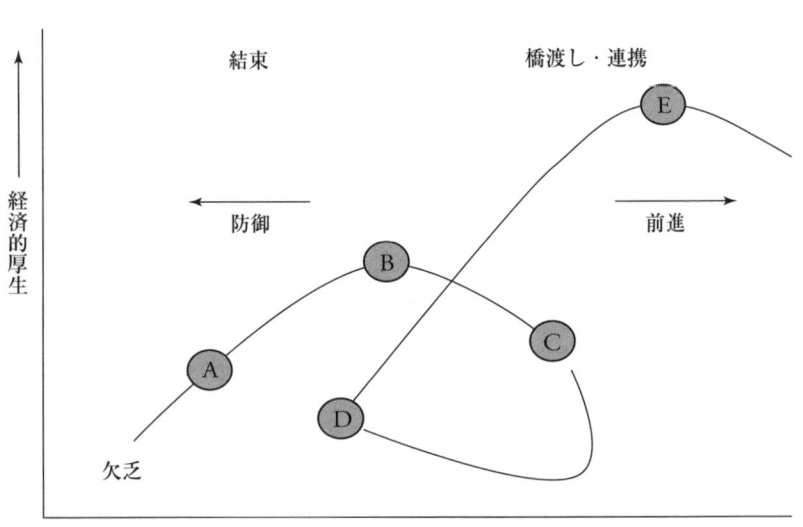

図4-1　ソーシャル・キャピタルと貧困緩和・解消

出所）Michael Woolcock & Deepa Narayan, "Social Capital: Implications for Developmnt Theory, Research and Policy", *The World Bank Research Observer*, Vol. 15, No2(2000), p.232に加筆して作成。

人々が増える中で、長期間メンバーとなっている人々の間では、経済的厚生の下落すら観察されるようになる（C点）。他方、長期のメンバーにとっては、グループの規則や約束が次第に経済的厚生の促進要因ではなく制約要因となってくる。このような状況の中で、多くのメンバーは、直接的な地域社会の絆から部分的に自らを切り離し（D点）、多様な対外的ネットワークを展開して、より約束された経済的機会にアクセスするようになる（E点）。

だが、まさにこのような経路にこそ、もう一つのディレンマを指摘できる、という。つまり、統合というソーシャル・キャピタルは、発展の経過に伴って必要性を失っていくということである。Granovetterの概念を援用すれば、「強い絆」ではなく「弱い絆」が、個人の機会増大と社会への統合を維持する上で重要になってくるということだが[40]、しかし、改めて留意したいのは、「絆」自体は不必要になってはいないということ、換言すれば、統合というソーシャル・キャピタルはより高次のレベル（例えば、場ではなく機能の次元）で必要だということである。「過度の個人主義の帰結は自由ではなく専制である」[41]という教訓を、改めてもち出すまでもないであろう。

ところで、ここまでの立論には、少なくとも次の二つの点で不十分さが残っていると言える。第一は、貧困者／コミュニティが貧困から脱出するに必要な条件が貧困者／コミュニティ側からの視点（「下から」の視点）から明らかになったと言える一方で、それだけで十分なのかという点の解明が不十分であるという点である。貧困者／コミュニティは、多くの場合、外部者／社会との間で非常に垂直的な関係を結んでいて、階級社会などのようにそれがマクロ的に制度化、構造化されている場合も少なくない。貧困緩和・解消がそのような社会制度・構造の改変と不可分な関係にあるのだとすれば、「下から」の視点に立ったソーシャル・キャピタルの利用・展開だけでは、十分に効果的とは考えられない。GBMFIsの成功例に示唆されるような外部者の役割、さらには国際社会、政府、企業などを含めたマクロ制度的環境に関しての考察も必要であろう。第2節の（1）でも述べたように、「下から」のソーシャル・キャピタルの形成・蓄積はそれ自体がソーシャル・キャピタル論にとって重要な意味をもっているが、「下か

ら」の連携イニシアティブに接合するような「上から」の連携がどのようにして可能なのかを明らかにすることも、やはり必要と言えよう。

　この点に関連して、Foxは、ローカル、あるいはミクロのレベルでのソーシャル・キャピタルの生産ルートには、国家と社会アクターの共同生産、現地組織と外部の市民社会組織・NGOとの共同生産、「下から」の自立的な動員による生産の三つがあるとした上で、三番目のケースはめったになく、可能な場合にも外部からの援助が必要であると述べている[42]。また、Evansらによって展開されてきたいわゆるシナジー論も、ソーシャル・キャピタルに対する同様のマクロ的関心から、主として国家による発展または貧困緩和・解消のための制度的環境づくりと「下から」の貧困緩和・解消イニシアティブとの連携の可能性を明らかにしようとするものであった。「埋め込まれている」ことと、「独立的」であることではなく「相補的（complementarity）」であることを結びつけようとしている試みに、この点は端的に示されていると言える[43]。

　Woolcock自身も、貧困コミュニティにおける内部的ダイナミズムと発展は、市民社会における独立的集団が集団的利害の下に組織化を進めることのできる能力を強化したり弱体化したりする歴史と規制の枠組みを一般的な背景として生じてくるのであり、全く孤立した形でそうした動きが起こってくる訳ではないこと、従って、国家‐社会関係が重要になってくること、特に、国家や巨大企業の意向や能力の形成に際してのそうした集団の有効性が問題であること、などを認めている[44]。そして、埋め込まれていることと独立的であることのマクロ面での機能（シナジーと組織的統一性）について考察を進める中で、この問題について次のようにまとめている。すなわち、シナジーと組織的統一性のいずれかを欠いている状況[45]の下では発展に支障を来たすのであり、両者の結びつきにこそ、マクロ的発展が貧困緩和・解消を伴いながら進展するという展望が見出せるというのである。もっとも、相補的であることを前提としたEvansらとは異なって、「トップダウンの資源移転とボトムアップの能力形成とを結びつける社会的関係を形成し、維持することは、容易には達成できない」としているが[46]。

　その一方で看過できないのは、埋め込まれていることと紛争理論とを結びつけ

ようとする議論[47]や、ソーシャル・キャピタルの Non-Statist アプローチとでも言うべき考え方[48]である。前者は、一般に集団内のソーシャル・キャピタルと集団外に展開されるソーシャル・キャピタルは衝突しがちであるという趣旨の議論であり、これに基づけば、「下から」のソーシャル・キャピタルは、「上から」のソーシャル・キャピタルとは接合できないということになろう。また、後者は、国家はソーシャル・キャピタルを創造できないのみならず、むしろ、それを破壊しがちである、という立論である。

　以上のどちらが妥当するかということは、現実には、コンテキスト・ベースで考えざるを得ないと言えよう。むしろ、大事なのは、最初から相補的であることや対立的であることを前提にして議論を進めるのではなく、独立的であることを基礎としながら、「下から」の視点を基礎にした事実上のシナジーをいかにして形成していくのか、その戦略や政策は何か、ということであろう。その際に、さらに念頭に置きたいのは、シナジーは国家－社会間でのみ考えられるべきではなく、国際機関や多国籍組織、さらには超国籍的ネットワークなど、国家を超えた次元でのシナジーをも視野に収める必要があるという点である。

　さて、Woolcock の立論に関して解明が不十分だと思われる第二の点は、フォーマル、インフォーマルのいずれのソーシャル・キャピタルが貧困緩和・解消という点で有効なのか、という問題である。Woolcock の一連の論文では、このような区分が念頭に置かれていないため、この問題が直接的な形で取り上げられていないことはやむを得ないと考えられる。しかしながら、この問題の考察は非常に重要である。なぜなら、貧困者／コミュニティは、どのようなタイプのソーシャル・キャピタルにも恵まれていないというよりは、むしろフォーマルで生産的なソーシャル・キャピタルに特に欠けていると考えられるからである。そうだとすれば、貧困緩和・解消に向けた出発点としては、インフォーマルなソーシャル・キャピタルが重視される必要がある。この点は、貧困者の時間の機会費用は相対的に低いこと、ソーシャル・キャピタル、特にインフォーマルなものはしばしば時間集約的であり、しかも個人的資本を補完したり、その代替的機能を果たしたりし得るという意味で、貧困者にとっては好都合であること[49]、に注目する

時、より説得的なものとなろう。

　ここでのポイントは、フォーマルな制度やルール、関係への参加ではなく、それら自体の改変を含む新たな制度、ルール、関係をインフォーマルなソーシャル・キャピタルの形成・蓄積を基礎としながらつくり上げていくということである。ペルーの事例に基づいて法的枠組み（の適用範囲を拡大することではなく、それ）自体を変えることが唯一とるべきもう一つの道（The Other Path）であるとのde Sotoらの主張[50]や、「良い市民ガヴァナンス（Good Civic Governance）」の中核にあるのは「自らの関心事を提起するためのインフォーマルな構造と過程とを創造することによって、自らの生活を自らが支配する能力を高めるような人々の決意と自己イニシアティブ」であるとしたHaqらの議論[51]は、いずれも、この点に密接に関連したものとして注視される。貧困者／コミュニティがそもそもフォーマルな権力構造から外れた存在だと認識するならば、このような論点は常識的とすら言える。

　但し、留意が必要なのは、出発点としてはそうであっても、最終的には、そうしたインフォーマルなソーシャル・キャピタルをフォーマルなものへと変えていく必要があるという点である。

5．おわりに

　以上を総括すると、ソーシャル・キャピタルが貧困緩和・解消をもたらす展望を切り拓くことがあるとすれば、それは、結束から橋渡しへ、さらには連携へとソーシャル・キャピタルの比重が変化し、さらに、それぞれの段階で、インフォーマルなものからフォーマルなものへの展開がはかられる場合である、ということになる。

　いわゆる方法論的個人主義を乗り越え、マクロとミクロを媒介する社会、あるいはメゾの理論として、ソーシャル・キャピタル論がどこまで成功しているかの包括的評価は、ここではできないものの、少なくとも、人間発展論を含めた従来の貧困緩和・解消論では十分に明らかにされることがなかった発展、あるいは貧

困緩和・解消の社会的枠組みについて、看過できない知見を提起していることは間違いがない。「社会の発展」を重視した最近の社会発展論への貢献は、否定すべくもないと言えよう。

　貧困緩和・解消論の近年の注目すべき成果の一つは、Senのケイパビリティ論等を基礎とした人間発展論であるが、しかし、それに対しては、「貧困削減戦略に対するセンの大きな貢献は、やはり個々人の剥奪とケイパビリティに焦点を当てたものであって、社会のケイパビリティ（にも眼を向けているとはいえ、それ）はその集計概念として考えられているに過ぎない」[(52)]、あるいは「人間発展論は、今日までの経済学主流派のイデオロギー基盤としての『経済人』パラダイムを『自由人』パラダイムに転換した」が「それは、個人＝ミクロ・レベルにとどまっているために、社会との接点がさだかでな」く「コミットメント論と市民社会論を架橋する論理、現実分析が未だ必要とされている」[(53)]といった批判的コメントが寄せられてきた。社会発展論は、かつての発展／開発の社会的側面論としての社会開発論を超えて、こうした問題に何らかの貢献をするものと期待されてきたが、しかし、これまでのところ注目すべき具体的成果は出ていないと言える。これに対して、ソーシャル・キャピタル論は、少なくとも本章での考察を踏まえる限り、一定の貢献をしていると評価できる。

　もっとも、今後は、先に総括した貧困緩和・解消への道筋が、具体的事例の中でどのように実際に展開されるのか、についての実証的分析が積み重ねられていく必要があろう。そうした作業の中でとりわけ重要だと思われるのは、貧困層／コミュニティに見られるインフォーマルなソーシャル・キャピタルの機能をどう積極的に評価するのかという点である。かつてのインフォーマル部門に関する研究・調査では、多くがインフォーマル性を否定することから出発していた。同部門での社会生活にみられる生計（livelihood）を可能にしている機能、メカニズムをまずは明らかにし、それにマイナスの影響を及ぼす外在的・内在的要因は何か、プラスの展開を期待できるとすればそのための外在的・内在的条件は何かといった点の考察は全く疎かにされてきたと言える。インフォーマル性をむしろ出発点にし、そのプラスの側面を強化する要因・条件の考察にこそ、脱貧困の経路

を明らかにする鍵があると言っても過言ではない。

【注】

(1) Francis Fukuyama, *Social Capital and Civil Society* [Working Paper No.00/74]（IMF, 2000）などを参照。

(2) Michael Woolcock, "Social Capital and Economic Development: Toward a Theoretical Synthesis and Policy Framework", *Theory and Society*, Vol.27, No.2(1998), p.154.

(3) ソーシャル・キャピタルと「残余」や「全要素生産性」との関わりについては、Partha Dasgupta, "Economic Progress and the Idea of Social Capital",in Partha Dasgupta & Ismail Serageldin (eds.), *Social Capital: A Multifaceted Perspective* (World Bank, 2000), pp325-424（特にpp.390-394）を参照。また、注(2)で既掲のWoolcock論文でも、注8 (p.191) の中で、内生的成長論とソーシャル・キャピタル論とが補完関係にあることが示唆されている。

(4) よく指摘されている通り、「社会的排除」はもともとは先進世界、特にフランスでの社会的セーフティネットに関するディスコースの中で1970年代半ばに提起された概念であるが、そこでは、社会的結束（social bond）の断裂としてその内容が把握されていた。逆に、その反対概念である「社会的包含（social inclusion）」の実現のためには、結束が鍵になると考えられたのである。1990年代になって、特にILOのIILS（国際労働研究所）による国連社会発展サミットに向けたいくつかの研究作業を契機に、同概念は発展途上世界にも適用されるようになり、経済中心主義的な狭義の貧困（「所得・消費貧困」）に対する理解を補完してより実態に近い貧困の多面的把握を可能にしている。また、個人的・静態的認識（個人のある状態として認識）から社会的・動態的認識（社会的なプロセスとして認識）へと貧困に対する認識を深化させた点も、社会的排除論の重要な貢献と言える。このような社会的排除をめぐる研究動向については、Arjan de Haan & Simon Maxwell, "Poverty and Social Exclusion in North and South", *IDS-Bulletin*, Vol.29, No.1(1998), pp.1-9やArjan de Haan, "Social Exclusion: An Alternative Concept for the Study of Deprivation?", *IDS-Bulletin*, Vol.29, No.1(1998), pp.10-19を参照。

(5) World Bank, *World Development Report 2000/01*, pp.128-131.

(6) Christian Grootaert, *Social Capital: The Missing Link?* [Social Capital Initiative Working Paper, No.3] (World Bank, 1998).

(7) Ben Fine, "The Developmental State is Dead—Long Live Social Capital?", *Development and Change*, Vol.30, No.1 (1999), pp.1-19.

(8) Deepa Narayan, *Bonds and Bridges: Social Capital and Poverty* (World Bank, 1999), p.1, また、Michael Woolcock & Deepa Narayan, "Social Capital: Implications for

Development Theory, Research and Policy", *The World Bank Research Observer*, Vol.15, No.2 (2000), pp, 228-229を参照。なお、1916年まで遡れるとしているのは、具体的にはL. Hanifan, "The Rural School Community Center", *Annals of the American Academy of Political and Social Science*, Vol.67(1916), pp.130-138を指しており、同論文では、学校教育の成果を高めるためには地域社会の参加が重要であるとの立論に当たって、ソーシャル・キャピタル(「社会単位を構成している個人や家族の間での善意、協力、共感、そして社交といった人々の日常生活の殆どに関係している有形財産」(p.130))の重要性が分析されている。このHanifan論文は、ソーシャル・キャピタルに関する最近の多くの論文で、最初に概念を用いたとして言及されているが、Glaeserらによれば、1904年に刊行されたJames Henry著の*The Golden Bowl*に既に使用例が見られるという(Edward L. Glaeser, *The Economic Approach to Social Capital* [Working Paper, No.7728] (NBER, 2000), pp.7-8)。他方、ここ十数年の中でソーシャル・キャピタル論が盛んになったのは、James. S.ColemanやRobert Putnamによるところが大きいという(これらの二人のソーシャル・キャピタル認識については、本文で後述)。

(9) 新制度学派の「制度」の定義については、さし当たってGeoffrey M. Hodgson et al.(eds.), *The Elgar Companion to Institutional and Evolutionary Economics* (Edward Elgar, 1994), Vol.1, pp.402-406を参照。パターン化、規則性、統制／ルールなどがキーワードであることが示されている。

(10) 例えば、Francis Fukuyama, "Social Capital, Civil Society and Development", *Third World Quarterly*, Vol.22, No.1(2001), pp.7-20を参照。

(11) Smithを含め、スコットランド啓蒙主義思想との関連性については、Lindsay Paterson, "Civil Society and Democratic Renewal", in Stephen Baron et al.(eds.), *Social Capital: Critical Perspectives* (Oxford University Press, 2000), ch.2 が参考になる。

(12) Kenneth J. Arrow, "Gifts and Exchanges", *Philosophy and Public Affairs*, Vol.1(1972), pp.356-357.

(13) 以上のまとめについては、Lindon J. Robinson & Steven D. Hanson, "Social Capital and Economic Cooperation", *Journal of Agriculture and Applied Economics*, Vol.27, No.1(1995), pp.43-58 を参照。

(14) Kenneth J. Arrow, "Observations on Social Capital", in Partha Dasgupta & Ismail Serageldin (eds.), op.cit., pp.3-5.

(15) 以上の個人志向的アプローチによるソーシャル・キャピタル認識は、引用を含め Edward L. Glaeser et al., *What is Social Capital?: The Determinants of Trust and*

Trustworthieness [Working Paper, No.7216] (NBER, 1999), pp.2-3に依っている。

(16) G. Becker, *Accounting for Tastes* (Harvard University Press, 1996). この著書の中では、個人的資本（personal capital）との対比においてソーシャル・キャピタルが認識されており、個人的経験を通じて形成された将来の効用獲得のための能力として個人的資本が定義されているのに対して、ソーシャル・キャピタルの方は、個人の社会的ネットワークにおける監視者その他による過去の行動の影響と捉えられている (p.4)。ともあれ、Beckerにとっては、それは、個人の合理的選択を説明するための一つの要因に過ぎない。なお、Beckerのこのようなソーシャル・キャピタル認識については、Ben Fine & Francis Green, "Economics, Social Capital and the Colonization of the Social Sciences", in Stephen Baron et al.(eds.), op.cit., ch.4をも参照。

(17) James S. Coleman, *Foundation of Social Theory* (The Belknap Press of Harvard University Press, 1990), p.302. なお、Thomas F. Carroll, *Social Capital, Local Capacity Building and Poverty Reduction* [Social Development Paper, No.3] (ADB, 2001)は、同じ文献に依拠して、「Colemanは、ソーシャル・キャピタルを個人に帰属する資源であると考えて」おり、グループの財産であるとするOstromらとは異なっているとしているが、これは誤解であろう。確かに、Colemanは「（以上のような）社会構造的資源を個人にとっての資本財産、言い換えれば、ソーシャル・キャピタルとして考える」(p.302) とは述べているが、これは「個人に帰属する」ということとは異なる筈である。

(18) 代表的な著作として、Robert Putnam, *Making Democracy Work: Civic Tradition in Modern Italy* (Princeton University Press, 1993) および ditto, *Bowling Alone: The Collapse and Revival of American Community* (Simon & Schuster, 2000) を参照。

(19) 以上の引用は、いずれもwww.worldbank.org/poverty/scapital/whatsc.htm（但し2002年4月15日閲覧）による。

(20) Tom Healy et al., *The Well-being of Nations: The Role of Human and Social Capital* (OECD, 2001), p.41.

(21) Thomas F. Carroll, op.cit., p.10.

(22) Mark Granovetter, "Economic Action and Social Structure: The Problem of Embeddedness", *American Journal of Sociology*, Vol.91(1985), p.493.

(23) Embeddednessアプローチについては、他にMichael Woolcock, op.cit.やJan Flora, "Social Capital and Communities of Place", *Rural Sociology*, Vol.63, No.4(1998), pp.481-506を参照。

(24) Michael Woolcock, op.cit.

(25) ソーシャル・キャピタルとは「文化のインフラストラクチャー」だとするKamarckは、人的資本を個人的なものと社会的なものとに区分し、社会的な人的資本をソーシャル・キャピタルの実体と見なしているが、このような観点からすれば、人的資本が資本であると見なされてきた以上、ソーシャル・キャピタルも資本だとすることに異存が生まれようがない（Andrew M. Kamarck, *Economics for the Twenty-first Century* (Ashgate, 2001), ch.9)。

(26) James S. Coleman, "Social Capital in the Creation of Human Capital", *American Journal of Sociology*, Vol.94-Supplement (1988), p.S98.

(27) この点については、Robert D. Putnam, op.cit.(2000), p.184.

(28) 公共財的性格については、James S. Coleman, op.cit.(1990), pp.315-317などを参照。

(29) Ibid.

(30) Elinor Ostrom, "Social Capital: A Fade or a Fundamental Concept?", in Partha Dasgupta & Ismail Serageldin(eds.), op.cit., pp.172-214.

(31) Irene van Staveren, *A Conceptualization of Social Capital in Economics: Commitment and Spill-over Effects* [Working Paper No.324](Institute of Social Studies, 2000) は、これに対して、収穫逓増をソーシャル・キャピタルの特徴としている。「ダークサイド」を考慮すれば、こうした特徴づけには無理があると言えよう。

(32) Paul Streeten, "Reflections on Social and Antisocial Capital", *Journal of Human Development*, Vol.3, No.1 (2002), pp.7-22.

(33) 連携を含めない二区分の方がよく見かけるが、本文でふれたように、橋渡しが結束を同質性の観点から機能強化するためのものであるとすれば、それを異質性を基本とする権力構造の中でさらに展開していくためには、別のタイプのソーシャル・キャピタルが必要であると考えた方が合理的と言える。

(34) 例えば、Tom Healy et al., op.cit., pp.42-43.

(35) 橋渡しのソーシャル・キャピタルを水平的なものと垂直的なものとに区分する試みもあり（例えば、Emma Grant, "Social Capital and Community Strategies: Neighbourhood Development in Guatemala City", *Development and Change*, Vol.32, No.5 (2001), pp.975-997)、連携のソーシャル・キャピタルは垂直的な橋渡しのソーシャル・キャピタルと同じものとして考えられなくもないが、本書では、両者を機能上明確に区分したいとの立場から、このような区分には従わなかった。

(36) 本書と同じように6つのタイプに区分した試みとして、John Harriss & Paolo de Renzio, "'Missing Link' or Analytically Missing?: The Concept of Social Capital – An Introductory Bibliographical Essay", *Journal of International Development*, Vol.9,

No.7(1997), pp.919-937やそれに基づいた Thomas F. Carroll, op.cit.が注視される。両者とも内容的にはほぼ同じと言えるが、新しい方である後者によれば、家族・血族関係、社会的ネットワーク、部門交差的リンケージ、社会政治的資本、制度的政策枠組み、社会的規範・価値観の6つにソーシャル・キャピタルをタイプ分けできるという。最初の二タイプが結束の、次の二タイプは橋渡しの、そして、最後の二タイプは制度的環境形成の、それぞれ機能をもっていると考えられているが、しかし、二番目の二タイプと最後の二タイプの相違が必ずしも明確ではない。また、それぞれの二タイプの相互の区分、関係も曖昧であり、総じて、考えられるタイプを羅列しただけであるとの印象を禁じ得ない。

(37) Michael Woolcock, op.cit.
(38) Ibid., p.175
(39) Michael Woolcock & Deepa Narayan, op.cit.
(40) Mark S. Granovetter, "The Strength of Weak Ties", *American Journal of Sociology*, Vol.78, No.6(1973), pp.1360-1380.
(41) Francis Fukuyama, op.cit.(2001).
(42) Jonathan Fox, "The World Bank and Social Capital: Contesting the Concept in Practice", *Journal of International Development*, Vol.9, No.7(1997), pp.963-971.
(43) いわゆるシナジー論については、Peter Evans, "Government Action, Social Capital and Development: Reviewing the Evidence on Synergy", *World Development*, Vol. 24, No.6(1996), pp.1119-1132 や 辻田祐子「政府と市民のシナジー」佐藤寛（編）『援助と社会関係資本』(JETROアジア経済研究所、2001年)、第6章などを参照。
(44) Michael Woolcock, op.cit., p.176.
(45) シナジーも組織的統一性も欠いている状況はアナーキー（崩壊国家）、また、シナジーは見られるが組織的統一性に欠けているケースは汚職／略奪（無益国家）、組織的統一性は高いがシナジーがないような場合は非効率／有効性欠如（弱体国家）とそれぞれ評価されている（Ibid., p. 177）。
(46) Ibid., p.179.
(47) 代表的なものとして、Jan Flora, op.cit.を参照。
(48) この考え方については、Nicolai N. Petro, "Creating Social Capital in Russia: The Novgorod Model", *World Development*, Vol.29, No.2(2001), pp.229-244 を参照。
(49) これらの点については、Paul Collier, *Social Capital and Poverty* [Social Capital Initiative Working Paper, No.4] (World Bank, 1998), p.24 を参照。
(50) Hernando de Soto et al., *The Other Path: Invisible Revolution in The Third World* (Harper & Collins, 1989).

(51) Khadija Haq et al., *Human Development in South Asia 1999: The Crisis of Governance* (Oxford University Press, 1999), pp.35-36.
(52) Deepa Narayan, op.cit., p.4.
(53) 西川潤『人間のための経済学』(岩波書店、2000年) xiv頁および309頁。

第5章

貧困緩和・解消のための社会的セーフティネット

1. はじめに

　発展途上経済を中心とするこれまでの貧困緩和・解消のディスコースにおいて決定的に欠落していると言えるのは、即効性のあるリスク対応としてどのようなものがあるのかという問いに対しての備えであろう。これまでの開発／発展をめぐる議論は、マクロ成長論的視角のものであれ人間発展に重点を置くものであれ、専ら中長期的な展望の下に展開されてきた。これに対して、1997年央にタイを震源として始まり、その後インドネシア、フィリピン、韓国、さらにはロシアやラテンアメリカにまで伝染したとされるいわゆるアジア危機は、足の速いリスク軽減・回避措置の制度化が極めて重要であることを示した。「奇跡」的成長の中で、必ずしも事前に予測し得ない経済的社会的危機に対しての備えが軽視されてきたことを、アジア危機は正面から衝いたとも言えよう。

　さて、本章では、即効性のあるリスク対応のあり方を、社会的セーフティネット（Social Safety Net）を素材にして考察したい。以下では、まず、アジア危機の悪影響を最も深刻な形で受けた諸国を念頭に置きながら、社会的セーフティネットのこれまでの状況を分析し、同時にその問題点を整理する。次いで、その整備に向けた今後の方向性について考察を進めるが、その際には、先進諸国における社会保障制度の経験を特に念頭に置く。もっとも、その意図するところは、先進諸国と同様な形での社会保障の整備を目標にするということではない。むしろ、先進諸国で提起された問題点を踏まえながら、さらには、グローバリゼーション

の進展という今日的状況を念頭に置きながら、目標としての人間発展に沿った社会的セーフティネットのあり方とはどのようなものなのかを考察することにある。

なお、予めここで、社会的セーフティネットという概念について、類似概念とも言える社会保障（Social Security）との関連性を含めて、若干の注を付しておきたい。まず、社会保障とは、近代国家を単位とする経済成長／発展とその中での近代的労使関係の形成に基づいた社会的セーフティネットと考えることができよう。このことは、社会保障制度がILOとの連携を深めながら整えられてきたことに集約して示されていると言える。周知のように、社会保障についてのILOの定義では、社会がその構成員に対して、一連の公的手段を介して供与する保護、とかなり一般化された形で社会保障が認識されているが、ILOの加盟当事者が何よりも国家であることを踏まえると、ここでの社会とは国家であり、公的手段についても国家を中心にしたものと了解されよう。他方、社会保障が念頭に置いている状況についても、疾病、出産、労働災害、失業、高齢、死亡などによって稼得がなくなる、または大幅に減少する状況といった極めて一般的と言える内容のものであるが、しかし、このような状況に対応した制度構築においては、中央政府、雇用者、被雇用者の三者による協議が実質的な推進力になってきた。つまり、社会保障が対象としてきたのは、近代的労使関係が成立している社会だと解することができる。こうして、社会保障は、各国家がその国民、特に近代的労使関係の当事者である人々に対して、国家的手段を中心にして供与する保護と理解できる。別言すれば、国家を構成していない人々や近代的労使関係とは無縁の人々は、このような社会保障の対象にはなり得ないし、実際にそうであったと言える。

以上から、社会保障は社会的セーフティネットよりも狭義でかつそれに含まれる概念であることが理解されよう[1]。実際、社会的セーフティネットは、その前に伝統的という形容詞を付して使用されることが少なくない点にも示されているように、近代国家成立以前から存在していた、あるいは国家以外の公的手段による社会的保護を含意する概念だと言える。国籍や近代的労使関係に規定されない概念である、と言い換えることも可能である。そして、このような性格の故に、近代的労使関係が支配的でないような社会にあっても存在してきた、しばしば互

恵性を伴った救済・保護措置を包含するものと了解できよう。より現代的には、NGO・NPOや市民組織によるリスク対応、社会的保護を含むものとしても概念化できよう。

ところで、以下で詳述されるように、アジア危機が提起したのは、まさに、先に確認したような意味での社会保障が社会的セーフティネット機能を十分には発揮しなかったという問題であった。ここには、さらに二つの側面がある。すなわち、そうした意味での社会保障がそもそも未整備であったということ、および社会的セーフティネット機能を現実に果たしている仕組みが他にあったということ、である。このように考えてくると、即効性のあるリスク対応、社会的保護を、先に述べたような性格の社会保障だけを念頭に置いて議論できないことは明らかであろう。本章のキーワードが社会保障ではなく、社会的セーフティネットである所以である。

2. アジア危機と社会的セーフティネット

ここでは、まず、アジア危機発生以前の東アジア地域の社会的セーフティネットの状況を俯瞰し、問題の所在を確認したい。東アジアの社会的セーフティネットに関してこれまでしばしば指摘されてきたのは、まず第一に、中央政府の社会保障関係費の水準が低いということである（表5-1を参照）[2]。先進諸国のみならず、ラテンアメリカ諸国と比較しても、経済全体に占めるその負担はかなり小さいと評価することができる[3]。その背景には、言うまでもなく、国家的な社会保障が未整備であるという点が最も関係している。危機が発生した1997年時点での失業者向け社会保障制度の整備状況をまとめた表5-2には、そうした点が端的に示されているが、例えば、1996年12月にOECD加盟を果たすことになる韓国ですら、失業者に対する給付制度が導入されたのはようやく1995年7月のことであり、しかも、その制度の下では従業員数が30名以上の事業体しか対象にされなかった。パートタイマーを含めてすべての失業者に適用されるようになるのは、危機後（1998年10月）のことである[4]。

表5-1 アジア危機直前の政府社会保障関係支出とILO102号条約批准の状況

		政府の社会保障関係支出		ILO102号条約批准状況 (1996年末時点、○:批准済 ×:未批准)								
		対歳出 (%) 1996年	対GDP (%) 1996年	2 医療	3 疾病	4 失業	5 老齢	6 業災	7 家族	8 母性	9 廃疾	10 遺族
〈東アジア〉	日本	37.4	14.1	×	○	○	○	○	×	×	×	×
	韓国	21.2	5.6	×	×	×	×	×	×	×	×	×
	フィリピン	(2.5[1])	n.a.	×	×	×	×	×	×	×	×	×
	タイ	11.9	1.9	×	×	×	×	×	×	×	×	×
	マレーシア	13.4	2.9	×	×	×	×	×	×	×	×	×
	インドネシア	9.8	1.7	×	×	×	×	×	×	×	×	×
	シンガポール	(1.8[1])	3.3	×	×	×	×	×	×	×	×	×
〈南アジア〉	スリランカ	16.1	4.7	×	×	×	×	×	×	×	×	×
	インド	n.a.	1.8	×	×	×	×	×	×	×	×	×
〈中南米〉	メキシコ	22.6	3.7	○	○	×	○	○	×	○	○	○
	コスタリカ	42.6	13.0	○	×	×	○	○	○	○	○	○
	ブラジル	36.7	12.2	×	×	×	×	○	○	×	○	○
	ボリヴィア	29.3	7.0	×	×	×	○	○	○	×	○	○
	アルゼンチン	41.2	12.4	×	×	×	×	×	×	×	×	×
	チリ	45.6	11.3	×	×	×	×	×	×	×	×	×
	ウルグアイ	67.8	22.4	×	×	×	×	×	×	×	×	×
〈北米・欧州・オセアニア〉	カナダ	40.1	17.7	×	×	×	×	×	×	×	×	×
	アメリカ	48.8	16.5	×	×	×	×	×	×	×	×	×
	イギリス	54.9	22.8	○	○	○	○	×	○	×	○	×
	フランス	55.3	30.1	○	○	○	○	○	○	○	○	○
	ドイツ	52.1	29.7	○	○	○	○	○	○	○	○	○
	オランダ	51.4	26.7	○	○	○	○	○	○	○	○	○
	デンマーク	52.5	33.0	○	×	○	○	×	○	○	○	×
	スウェーデン	50.0	34.7	○	○	○	○	×	○	○	○	×
	フィンランド	53.8	32.2	○	×	×	○	×	○	×	○	×
	スイス	49.3	25.9	×	×	○	○	×	○	×	○	×
	ギリシャ	67.4	22.7	○	○	×	○	○	○	×	○	○
	ニュージーランド	(39.3)	19.2	×	×	×	×	×	×	×	×	×
	オーストラリア	41.5	15.7	×	×	×	×	×	×	×	×	×

注) 1) 1997年
出所) 政府社会保障関係支出:ILO, *World Labour Report 2000* (またはIMF, *Government Finance Statistics Yearbook 1999* = 括弧内)
ILO102号条約批准状況: http://ilolex.ilo.ch:1567/english/newratframeE.htm

表5-2　失業関連社会保障制度の東アジアにおける整備状況（1997年）

	失業保険給付	解職手当[1]	社会保障基金加入者[2]
韓　国	あり	n.a.	38
台　湾	なし	n.a.	n.a.
香　港	なし	2	n.a.
フィリピン	なし	3	24
タ　イ	なし	6	16
インドネシア	なし	4	12
マレーシア	なし	n.a.	48
シンガポール	なし	0	80

注）1）月給の何カ月分かを示す。
　　2）被雇用者総数に対する比率（％）。
出所）Eddy Lee, *The Asian Financial Crisis: The Challenge for Social Policy* (ILO, 1998), p.52およびUS Government/Social Security Administration, *Social Security Programs throughout the World 1997* (http://www.ssa.gov/statistics/ssptw/1997/English).

　一方、タイでは、1990年7月に（新）社会保障法が制定され、その中で失業手当が労働者の権利として定められた。しかしながら、手当を受給するに当たっての条件や手当の内容などに関する関連法や細則が定められなかったため、同法で定められた他の六つの手当は支給が開始されたものの、失業手当の支給は大幅に遅れ、危機発生以前に支給されることはなかった。危機発生後に制定された労働者保護法（1998年11月）によって、ようやく失業手当支給のための枠組みが示された。インドネシアでも、1992年の共和国法第3号に基づいて社会保障制度の整備が進められたが、しかし、そこには失業への対応は含まれておらず、失業手当の制度化は、現在もなお着手されていない。

　このように、失業手当が制度化されていなかったというのが、危機発生以前の東アジアの一般的状況であった。この点を含め、ILO102号条約の定める社会保障の9つの基礎分野の一つですら批准していた政府が日本を除く東アジアには皆無であったという事実は、未批准が直ちに制度不在を意味するものではないにせよ、社会保障の整備に向けた動きが当該地域でいかに鈍かったのかを端的に物語

っていると言える（前出の表5-1参照）[5]。

　もっとも、年金や健康保険、労災補償などについては、比較的早期の制度立ち上げが見られない訳でなかった。韓国の場合にも、年金制度が最初に導入されたのは1960年であり、労災補償制度も1964年には創設された。また、健康保険制度も1977年にスタートしている。しかしながら、こうした制度の整備は、「開発独裁」政権の正統性を強化するために進められた面を否定できず[6]、また、実効性は必ずしも高くなかったと言える。さらに、年金制度に典型的に示されているように、公務員や軍人を対象としたものが先行し、国民全般をカバーした制度がかなり後になって整備されるといった傾向も看過できない[7]。こうして、制度の立ち上げこそ遅くはなかったものの、国民に対する社会権保障という観点での制度の実質的整備は、やはり遅れてきたと言わざるを得ない。

　しかしながら、以上のような半面で、東アジアにおける社会的セーフティネットに関して看過できないのは、伝統的でインフォーマルな組織・制度が果たしてきた機能である[8]。例えば、危機後のタイでは、政府や外部からの援助をただ待っていたのではなく、コミュニティや地域組織が有効に機能したと評価されている[9]。国家統計局（NSO）が家計に対する危機の影響についてまとめた報告書によれば、タイ全体で27.7％の家計がコミュニティや隣人からの援助を受けたとされている。なかでも村・地域の組織からの援助が大きな部分を占め、NGOから援助を受けたとする世帯は逆に非常に少なかったとも報告されている。一方、コミュニティや隣人から援助を受けたとする世帯の比率は、東北部で40.8％と最も高く、逆にバンコクおよびその近郊では1割程度と非常に低くなっているともいう。このような地域による違いを産業化、都市化に伴うコミュニティ解体と関連づけて理解できるかどうかはともかくとして、危機による世帯への悪影響が非政府の組織・制度によって緩和・解消されようとしてきた実態があることは興味深い。他方、業種・職種という点では、農業経営（自己所有の農地を主とするもの）世帯、一般従業員世帯でコミュニティや隣人から援助を受けたケースが多く（いずれも三分の一以上）、非農業自営業世帯や商・サービス業従業員世帯では少なかったと報告されている[10]。

以上とは対照的に、問題の緩和・解消を政府との関係においてはかろうとする動きは鈍かった。例えば、政府にローンを申し込んだ世帯は、タイ全体で11.7％にとどまった。また、政府の公共事業に職を得たとする世帯も5.3％に過ぎなかったという[11]。

　タイと同じような状況は、インドネシアでも報告されている。例えば、1998年10月から同年12月にかけてジャカルタ、バンドン、スラバヤ、ウジュン・パンダンで労働集約的産業の従業員を主に対象として実施された調査では、失業者の35％が（拡大）家族からの援助を受けたとされている[12]。国連が危機後にインドネシア支援のために設立したUNSFIR（国連インドネシア復興支援機関）の報告書も、伝統的組織や拡大家族が自然のセーフティネットとして機能したと報告している[13]。これに対して、政府の対応策は、特に省庁間でのコーディネーションの悪さの故にむしろ危機による悪影響をさらに悪化させたと評価されている。そのため、インドネシアの支援に乗り出したNGOの中には、外国のドナーに対して公的セーフティネット・プログラムへの援助を止めるよう要請したものすらあったという[14]。確かに、例えば、危機後の雇用創出プログラムとして四つの柱が設定されたが、それらは三つの省によって担われ、相互の調整が乏しかった。その結果、それぞれのプログラムの目標と対象が絞りきれず、投入された資金も効果的に利用されなかった[15]。

　以上からも分かるように、アジア危機による地域社会や個々の家計レベルでの悪影響は、伝統的でインフォーマルな組織・制度によって事実上緩和がはかられてきたと言える。公的社会保障制度には還元できない社会的セーフティネットが広範に存在するという福祉オリエンタリズム（Welfare Orientalism）の指摘[16]は、その意味では確かである。しかしながら、同時に問題なのは、そうした福祉オリエンタリズムによっては、当該地域の住民の今後の人間発展は決して十分には保障され得ないだろうということである。それは、伝統的な組織・制度によって緩和・解消された今回の危機による悪影響の内容が限られているということ、さらには、その範囲が決して広いものではないということに端的に示されていると言える。既述のように、タイのバンコクとその近郊では、伝統的組織・制度による

支援が相対的に限られていたということは、まさにこの点を示唆するものであるし、インドネシアについても、伝統的組織・制度が機能せず、高利貸しからの不当な利子率での借り入れに依存をせざるを得なかった失業者が少なくなかったという報告が注視される。影響が個別的に及ぶものであれば、そうした伝統的組織・制度による対応は効果を発揮しようが、地域全体に及ぶなど広範囲の危機に対しては、それらの有効性は極めて限定的である[17]。

換言すれば、即効性があり社会的に埋め込まれた人間発展を目標とするセーフティネットの構築に当たっては、福祉オリエンタリズムは十分に満足のいく回答を用意していないということであろう。それでは、西欧の福祉国家で具現化されたような国家を中心とした社会保障を整備するという考え方はいかがであろうか。福祉オリエンタリズムから西欧的な福祉ユニバーサリズムへの転回が、答えとなるのであろうか。次節では、この点を明らかにするために、西欧の福祉国家が抱えている現代的課題を検討してみたい。

3. 福祉ユニバーサリズムの教訓

冒頭でもふれたような西欧における20世紀前半からの国家(中央政府)による社会保障制度の整備は、多言するまでもなく、近代国家の基礎固めと冷戦への対応という歴史的な背景を抜きにしては理解できない。かつては様々なエージェンシーによって担われてきた社会的セーフティネットが国家(中央政府)というエージェンシーによって集権的に管轄されるようになったこと[18]、および、そのような形での社会保障制度の確立が社会主義／共産主義に対するオールタナティブを示すという意味をもっていたということは、いずれも福祉国家の歴史性を理解する上で重要なポイントである。別言すれば、そのような歴史的背景が変化した時には、社会保障制度の再編成が遠からず大きな課題となろうということだが、経済発展の基盤が急速に脱国家化し、冷戦終結宣言を経た今日的な状況の中で、「福祉国家の危機」をいかにして具体的に克服するのかが問われている。

ところで、「福祉国家の危機」が提起してきた問題は、大まかには二つあると

言える。まず第一は、中央政府の財政負担の増大である。社会保障の枠組みの中でカバーすべきサービスが多様化した結果、他方で、その財源となる税収が特に第１次オイルショック以降の低成長を背景に伸び悩んだことで、中央政府の慢性的財政赤字という問題が深刻化した。既出の表5-1では、東アジア地域の政府の社会保障費用負担が小さいことが指摘されたが、そこで対比のために併載されている先進諸国についての高い数値は、高いからよいといった具合に単純に評価できない。

　第二に、公的社会保障の充実がむしろ企業家精神や労働意欲の減退を招いてきたのではないかという問題提起がある。社会保障サービスが一方的な移転・給付という形をとり続けてきた結果として、それにいわば寄生する動きが受け手の側に強まったのではないかというのである。そして、このような動きが生産性の停滞をもたらし、低成長からの脱却を遅らせてきたとされた。公的社会保障は、社会権という人権と密接な関連性をもって整備されてきたにも拘らず、むしろ人権の実現とは異なった方向に社会を導いてきたとの指摘も、このような問題認識を背景にしている。

　ところで、人間発展実現のための社会的セーフティネットというここでの問題関心からは、以上の二つには実は共通した問題提起が含まれているということができる。それは、公的社会保障が経済的負担という結果のみをもたらしているということ、別言すれば、経済や社会の活性化をもたらすという社会保障に本来的に負託されたもう一つの側面[19]の実現がなされていない、あるいは十分ではないということ、である。人権としての、あるいは人間発展のための公的社会保障が当初の目論見であったにも拘らず、その実現がおぼつかない状況があるとすれば、始めるべき作業は社会保障のあり方の脱構築であろう。さらに言えば、社会的セーフティネットは中央政府あるいは何らかの公的権威によって、それが統治する範囲の民衆に一方的に移転することとしてのみ考えるべきなのだろうかということである。

　「第三の道」論などとの関連で近年改めて注目を集めているワークフェア(Workfare : Work + Welfare)の考え方は、実はこの問題に対する一つの回答と

して理解することができるかも知れない。被雇用者としてであれ、自営という形であれ、働くことへの動機づけに公的扶助を結びつけたこの考え方は、社会保障を負担としてではなく人間への投資として位置づけ直し、「福祉国家の危機」からの脱却を可能にする具体的契機を提供していると言える。サッチャーリズムやレーガノミクスに代表されるような新自由主義の「冷徹な」構造改革に対して、ワークフェア論は、「人間の顔を伴った」(with a human face)構造改革というオールタナティブとしての可能性を示しつつある[20]。

とはいえ、そのような方向性が東アジア、とりわけアジア危機の深刻な悪影響に見舞われた諸国にとって直ちに有効か否かは、また別の問題だと言える。この点に関連した最も大きな問題は、それら諸国における大規模なインフォーマル部門の存在である。同部門に関する統計の整備を精力的に進めてきたILOによれば、タイの全体の雇用に占める同部門の比率は1994年時点で76.8％、都市部だけについても47.6％とかなり高いものであった。また、インドネシアについては、製造業部門において、全体の雇用に占めるインフォーマル部門の比率は1995年に20.6％であった[21]。

インフォーマル部門をどのように定義するかをめぐってはなお論議が尽くされていないが、基本的に合意が見られることの一つとして、法制度が及ばない部門であって、公的な保護の対象にも、逆に規制の対象にもならない（但し、フォーマル部門の発展を阻碍すると判断された場合を除く）という点、また、個々の活動主体がバラバラに存在していて部門としての統合性がない、組織化が見られないという点があげられよう。これに対して、先進諸国での不完全就業者や失業者は公的保護の対象として認知されてきたという意味で、また、形態の違いはあれ労働者側の組織化が進められてきたという点で、社会的保護上の課題は全く異なっている。ワークフェア論に基づいた政策が事実上インフォーマル部門就業者に役立つ面があるにせよ、近代的労使関係が就業人口の殆どを覆い、事実上全国民を対象とする社会保障制度が敷かれてきた国と、そのような制度が一部にしか適用されてこなかった国との間の、社会的保護を進めていく上での課題の違いの大きさはやはり否定できない。

とりわけ、就業構造上インフォーマル部門がフォーマル部門における失業者・不完全就業者群と連続している実態を考慮すると、フォーマル部門での失業者に対する社会保障（例えば、失業手当給付制度）の整備を進める一方で、インフォーマル部門の実態に即した社会的セーフティネットのあり方を模索していく必要がある。インフォーマル部門が、何よりも「働く貧困者（the working poor）」によって構成されている実態を踏まえるならば、そこでの経済活動を強化・発展させるような、別言すれば、「保護的な」短期的リスク対応にとどまらず、中長期的に経済活動を安定させていくような「促進的な」措置の整備が社会的セーフティネットの課題として取り組まれていく必要がある[22]。さらに、インフォーマル部門での経済活動が生業としての側面が強いことを考慮すると、その際に特に重要だと考えられるのは、地域を単位としたあるいは地場に立脚した社会的セーフティネットであろう。フォーマル部門を対象とした社会保障は、産業や職種の別という観点から整備されてきたが、そうしたアプローチはインフォーマル部門に適合的であるとは思われない[23]。

　他方、貧困な世帯や危機による悪影響を被った世帯にとって、海外出稼ぎが重要な対応になっているという事実も、社会的セーフティネットを展望する上では極めて重要である。1998年にタイ政府によって発表された失業緩和政策に、海外出稼ぎの奨励が含まれていたことは、海外出稼ぎ者に対する社会的保護措置を誰がどのように整備していくのかという問題が今後避けては通れなくなっていることを改めて示した。労働力輸入国であると同時にその輸出国でもあるタイは、アジア危機後に不法外国人労働者を追放する一方、国内失業緩和策の一環として、タイ人の海外出稼ぎを奨励したのである。とはいえ、タイ政府の対応の中には、出稼ぎの奨励こそ含まれていたが、出稼ぎ先での労働、生活に対する社会的セーフティネットは含まれてはいなかった[24]。それは、労働力輸入側と輸出側のいずれが責任をもつべきことなのか、それとも双方が対応すべきことなのか、こうした基本的な事項ですら、現行の国家を単位とする社会保障では対応できないという現実がある[25]。さらには、各国間で社会保障の整備のされ方に小さからぬ差があるとすれば、その平準化をはかる必要性はないのか、という問題もこのことに

関連して考えられなくてはなるまい。

　もっとも、これらの問題は、何も東アジア地域に限定されたものではない。グローバリゼーションの進展に伴って労働力の国際的流動性が増大する中で、社会保障のグローバル化、あるいはグローバリゼーションの社会化が必要だという議論は既に有力になりつつある[26]。

4. 社会的セーフティネットの今後の方向性

　これまでの考察から、福祉オリエンタリズムの克服と西欧型社会保障の脱構築、また、グローバリゼーションへの対応が、社会的セーフティネットの今後の方向性を考える上で最低限前提とすべきことが明らかになった。それでは、具体的にどのようにその内容を考え得るのであろうか。

　出発点とすべきは、やはり社会的セーフティネットに関わるニーズとは何であるかという点であろう。西欧型社会保障の最大の問題点は、それが供給サイド主導で整備されてきたことにあると言えよう。別言すれば、その対象は、あくまでも「受け手」という主体性が軽視されがちな存在であった。社会保障のニーズ自体が国家によって規定され、しかも国家内で一元化されてきたということが、この点を端的に示している。このような社会保障が社会的保護の面でそれなりの成果を残してきたことを否定できないにせよ、「利用・選択者から創造・形成者へ」の転換[27]は、市民権の確立という意味でもまずは必要である。

　第二に、このことに関連して、社会的セーフティネットの対象を（労働者・勤労者ではなく）市民という観点から再構成する必要があろう。その際に特に重要なのは、インフォーマル部門に対する社会的セーフティネットの整備・強化をいかにして進めていくのかという点である。同部門を対象とした社会的セーフティネットをめぐっては、既に前節でもアプローチのあり方についてコメントを付したが、近年注目を集めているマイクロファイナンスは、この問題に取り組むための一つの有力な手がかりとなろう。もっとも、着目すべきは、ニーズに合致した金融サービスということにとどまらない。超零細企業金融（microenterprise finance）といった形でそうした人々の経済活動を中長期的にも発展させる可能性を秘めている点に加えて、マイクロファイナンスの制度づくりにおいて、参加者が共通の目的の下に新たな社会（ネットワーク）を形成し、それが社会的不遇者のリスク対応、社会的保護の強化をもたらしてきたという点が極めて注視される。社会的セーフティネットの整備・強化を市民の社会形成とリンクさせることは、国家的社会保障の脱構築をはかる上で極めて重要である。

　第三に、以上のような動きが進めば、ニーズの多元化と、従って対応の再編成は不可避となろう。(ILO102号条約に示されているような形での)ニーズの分野別化と分野ごとの対応というこれまでの仕組みでは、こうした変化に適合できないと考えられる。人間発展を基点にした場合には、特に分野別対応の脱構築、対応の統合化を視野に収める必要性が出てくる。

　なお、ニーズの多元化は、他面において、対応の個別化への需要を高めるかも知れない。個々のニーズに合わせたきめ細かな対応をしようとすれば、どうしてもある程度までその個別化は避けられまい。社会的保護に関する個人のニーズを出発点として、例えば図5-1のような形でその構成（ミックス）、ポートフォリオを考えようとする世界銀行などに見られる近年の社会的リスク管理（SRM）研究は、こうした点を踏まえたものと了解されよう[28]。とはいえ、ここで留意すべきは、個別化の徹底は、逆に社会的保護の弱体化をもたらしかねないという点である。むしろ、第二の点に関連して示唆したように、ヴィジョンを共有できるような新しい公空間の主体的形成が重要なのであって、それに適合した社会的保護の仕組みとは何かが議論されなくてはならないであろう。分権化は必要だが、どのような形でそれを進めていくのかについては、新たな社会編成についての議論が不可欠である。

　この論点に関連して、貧困対策、福祉対策などの公共政策において必ずといって議論になるターゲッティングの問題をめぐって若干のコメントを付しておきたい。問題（例えば、貧困）をできるだけ費用効率的に解決しようとすれば、問題とする事象を可能な限り厳密に限定して、そこに向けて有効な政策を集約的に実行するというのが、これまでの一般的なアプローチであった。マイクロファイナ

図5-1　個人から見た社会的保護ポートフォリオ概念図

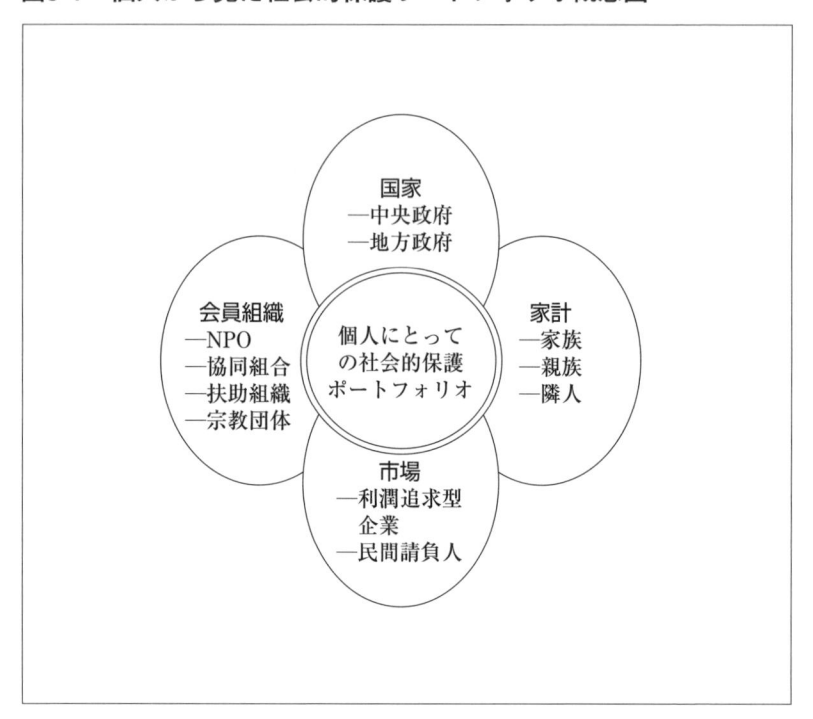

```
                    ┌─────────────┐
                    │    国家     │
                    │ ―中央政府   │
                    │ ―地方政府   │
                    └─────────────┘
    ┌─────────────┐ ┌─────────────┐ ┌─────────────┐
    │  会員組織   │ │ 個人にとって│ │   家計      │
    │ ―NPO       │ │ の社会的保護│ │ ―家族      │
    │ ―協同組合  │ │ポートフォリオ│ │ ―親族      │
    │ ―扶助組織  │ │             │ │ ―隣人      │
    │ ―宗教団体  │ │             │ │             │
    └─────────────┘ └─────────────┘ └─────────────┘
                    ┌─────────────┐
                    │    市場     │
                    │ ―利潤追求型 │
                    │   企業      │
                    │ ―民間請負人 │
                    └─────────────┘
```

出所）Johannes Jutting, "Social Security Systems in Low-income Countries: Concepts, Constraints and the Need for Cooperation", *International Social Security Review*, Vol. 53, No. 4 (2000), p.9. に加筆して作成。

ンスにおいて、貧困層以外の人々がメンバーとなっていることを遺漏として問題視し、貧困層により効果的かつ安価に焦点を合わせるための方策を考案する必要があるなどといった議論は、その一例と言える。だが、ある地域社会の中で、マイクロファイナンスに加入できる者と加入できない者が事前的に明確であるということによって、その地域社会の分断状況が強化され、発展がかえって妨げられるといった可能性についても留意する必要があろう。貧困者や不遇者に対するその地域社会自体の対応力を強化する（新たな公空間、公社会の創造を含む）方向での施策の方が、そうした人々をいわば政策的に隔離して支援する対症的公共政策よりも有効である可能性が高まっている。政策的にはそうした人々を隔離する

ことが可能だとしても、それらの人々に対する公的政策の効果が外部性を免れないとすれば、具体的な社会生活空間を基礎とした対策が必要になってこよう。人間が個人としてだけでは生きていけない、何らかの社会の一員としてのみ生きていけるとするならば、非歴史的非空間的な属性ではなく、社会として意味のある場あるいは空間に視点を置いた総合的政策が重要だと言えるのではないだろうか。

　最後に、経済成長／発展の基盤の脱国家化が急激に進展しているという意味では、社会的セーフティネットをトランスナショナルな視点から整備する作業は不可避である。特に、先にふれた移民に対する社会的セーフティネットの整備は緊要であり、既にある国際法上の手続きの徹底化を含め、まずは地域的な枠組み（東アジアについては、例えばASEAN、APEC）の中で、市民の社会的保護という観点から社会的セーフティネットを強化していく動きがまたれるところである。

5．おわりに

　西欧近代の歴史の最大のテーマは、今日の人間発展にも通じる「個の解放」にあった。ところで、このテーマの追求に際して考えられた当初の社会システムは、個人的権利・義務を基礎とした市場であった。しかも、多言するまでもなく、そこでは規範的な観点から定められた同質的な個人が前提とされていた。ところが、これが19世紀半ばから20世紀にかけて破綻して修正が必要になった段階で、国家による全面的保障という社会システムが持ち込まれることになった。福祉国家を全体主義的と特徴づけることに抵抗がない訳ではないが、しかし、第3章でも述べたように、国家によって社会的保護の一元化が進められたという意味では、全体主義的であったことは否定できない。社会主義についても、少なくとも社会主義国家として実現された限りにおいては、その社会システムは全体主義的であった。こうして、西欧近代は、「個の解放を根底におきながら、社会観としての個人主義と全体主義のいずれかに傾くことを特徴としていた」[29]ことが改めて知られる。

　言うまでもなく、個人主義も全体主義も一元主義という意味では共通している。

だとすれば、前節でふれた社会的セーフティネットの今後の方向性は、これとは異質の、つまり一元主義ではない形での社会観に依拠しなくてはならないことは明白であろう。もっとも、それが単なる多元主義ではないことも明らかである。人間発展を出発点とした多元主義グローバル社会とはどのようなものか、そして、それに至る道筋とは何かが明らかにされていく必要があろう。

【注】
(1) 以上のような概念整理の試みについては, "Social Safety Nets in the ESCAP Region: Progress and Problems", *PAI-Newsletter* (ESCAP), Vol.9, No.4(1999), pp.12-16をも参照。
(2) Kwong-leung Tang, *Social Welfare Development in East Asia* (Palgrave, 1999)を含め、様々な研究者がこのような指摘をしている。
(3) 公的社会保障に関してラテンアメリカ諸国と東アジア諸国とを比較し、その対照から、経済発展と社会保障の関係についての興味深い問題提起を行っているものとして、宇佐美耕一「発展途上国の社会保障：特集にあたって」『アジ研ワールド・トレンド』第65号(2001)、2～3頁を参照。ちなみに、このペーパーでは、「ラテンアメリカ（特に先発国）ではその経済発展水準と比べて早熟な社会保障制度の発展がみられたのに対して、東アジア諸国は高度成長を経た後に社会保障の整備が開始されるという遅咲きの発展がみられた」(2頁)とされているが、DeyoやHollidayは、高度成長を遂げた東アジア経済では、社会保障の整備が人的資本の発達を促し、それが労働集約的成長を大きく支えたとし、高度経済成長と社会保障の両立にこそ（ラテンアメリカとは対照的な）東アジアの特質が見られると論じている(Frederic C.Deyo, "The Political Economy of Social Policy Formation: East Asia's Newly Industrialized Countries" in Richard P. Appelbaum & Jeffrey Henderson (eds.) *States and Development in the Asia Pacific Rim* (Sage, 2000), ch.11, Ian Holliday, "Productivist Welfare Capitalism: Social Policy in East Asia", *Political Studies*, Vol.48, No. 4 (2000), pp. 706-723)。「社会保障の整備」の内容をどう把握するかによって、その開始の時期についての認識が異なってくるということだが、本文ですぐ後に記述されるように、社会保障制度の立ち上げ自体は比較的早い時期に見られたものの、国民全般を対象とする制度の整備は、やはり1980年代後半以降に着手されたと言える。なお、アジアよりもラテンアメリカで社会保障が先んじて整備されてきた背景を分析したMesa-Lagoは、ラテンアメリカに社会保障整備の上で有利にはたらいてきた条件として、人口の規模が小さく密度も低い、都市化が進んでいる、GDPに占める農業部門の比重が低い、医療施設・人材が整っている、識字率が高い、等々をあげている（Carmelo Mesa-Lago, "Comparative Analysis of Asia and Latin American Social Security Systems" in I.P.Getubig & Sonke Schmidt (eds.) *Rethinking Social Security* (APDC, 1992), ch.4)。ラテンアメリカにおける社会的セーフティネットの現状と課題については、さらにIDB (Inter-American Development Bank), *Social Protection for Equity and Growth* (IDB, 2000)が包括的で参考になる。

(4) このような適用対象の拡大は、段階的になされた。まず、1998年1月の時点で従業員数10名以上の事業体にまで拡大され、この2カ月後には従業員数5名以上の事業体までが対象範囲に含められた。そして、本文でも述べられているように、同年10月には、あらゆる事業体の従業員（もっとも日雇い従業員は除外）が失業手当の対象とされた。この間、失業手当の規模や支給期間についても拡充が進められたが、その詳細と分析については、Dong-myeon Shin, "Financial Crisis and Social Security: The Paradox of South Korea", *International Social Security Review*, Vol.53, No.3 (2000), pp.83-107 や Huck-ju Kwon, "Globalization, Unemployment and Policy Responses in Korea", *Global Social Policy*, Vol.1, No.2 (2001), pp. 213-234 が参考になる。

(5) 表5-1には、すべての東アジア諸国が網羅されていないが、この点は、総理府社会保障制度審議会事務局（編）『社会保障統計年報（平成11年度版）』、424頁によって確認できる。

(6) 韓国についてのこのような側面に関しては、Huck-ju Kwon, *The Welfare State in Korea: The Politics of Legitimization* (Macmillan, 1999)を、また、台湾に関しては、Yuen-wen Ku, *Welfare Capitalism in Taiwan: State, Economy and Social Policy 1895-1990* (Macmillan, 1997)をそれぞれ参照。

(7) 1960年にスタートした年金制度は公務員のみを対象とするものであり、この3年後には、軍人を対象とした年金制度が創設された。国民全体を対象とした年金制度はようやく1988年に整備されている（詳しくは、金領佑「韓国における公的年金制度の動向」『海外社会保障研究』第137号（2001年）、86～94頁）。

(8) K. Subbarao et al., *Safety Net Programs and Poverty Reduction* (World Bank, 1997), ch.1は、この点に関する包括的サーベイを行っており、参考になる。さらに、Ian Gough, "Welfare Regimes in East Asia and Europe", paper presented at Annual World Bank Conference on Development Economics Europe 2000 も参照。

(9) Srawooth Paitoonpong et al., *Social Impacts of the Asian Economic Crisis in Thailand, Indonesia, Malaysia and the Philippines* (TDRI, 2000), p.86. なお、タイにおいて、公的社会保障よりも伝統的組織・制度による社会的セーフティネットの方が大きな役割を果たしてきた実態については、Napat Sirisambhand, *Social Security for Women in the Informal Sector in Thailand* (Friedrich Ebert Stiftung/Bangkok Office, 1996)で行われている事例研究が参考になる。

(10) NSO（National Statistical Office）, *A Study on the Impacts of the Economic Crisis on Households 1999* (NSO, 2000), p.12およびTables 5.1, 5.2, 5.3。

(11) Ibid., p.11.

(12) Srawooth Paitoonpong et al., op. cit., pp.159-161.
(13) UNSFIR, *The Social Implications of the Indonesian Economic Crisis: Perceptions and Policy* (UNSFIR, 1999), p. 89.
(14) Srawooth Paitoonpong et al., op. cit., pp.157-158.
(15) Aris Ananta & Reza Siregar, "Social Safety Net Policies in Indonesia", *ASEAN Economic Bulletin*, Vol.16, No.3 (1999), pp.344-359. なお、四つの柱とは、熟練失業問題解決プログラム、危機の影響・雇用問題解決プログラム、労働集約的公共事業プログラム、労働集約的林業プログラムであり、最初の二つはマンパワー省、三つ目は公共事業省、最後のものは林業省によってそれぞれ担当・実施された。
(16) Roger Goodman et al. (eds.), *The East Asian Welfare Model: Welfare Orientalism and the State* (Routledge, 1998), Huck-ju Kwon, "East Asian Welfare States in Transition" *IDS-Bulletin*, Vol.30, No.4 (1999), pp.82-93. これらによれば、福祉オリエンタリズムの特徴は、次の通りである。

①社会保障・福祉サービスの供与とそのための資金調達はコミュニティや家族、さらには企業などに大きく依存する一方で、中央政府はそれらのエージェンシーを制御する立場にある。

②このような特性の故に、社会保障・福祉制度は統合的ではなく分断的である。

③分断的であることが背景となって、社会保障には再分配機能を期待し難い。

④社会横断的な勢力の結集が妨げられ、社会保障・福祉制度をめぐる政治は保守的政治勢力によって主導されがちである。

⑤(それ故、) 社会保障・福祉プログラムは「上から」導入されることが多く、民衆の需要が踏まえられることは少ない。

もっとも、こうした福祉オリエンタリズム論が念頭に置いているのは、日本、韓国、台湾、香港、そしてシンガポールの事例であり、しかも儒教的家族主義との関係性が踏まえられている。本論で考察しているタイやインドネシアは含まれていないという訳だが、しかし、儒教が支配的ではないにせよ、家族やコミュニティなどの伝統的な非政府組織が社会的保護の上で極めて重要な役割を果たしてきたという意味では、これらの東南アジア諸国を含めて福祉オリエンタリズムとしても問題はないと考える。ちなみに、東北アジアの社会福祉と東南アジアのそれを別々に分析したGoughによれば、形成過程にこそ違いが見られるものの実態には殆ど差がなく、欧米と比較する上では両地域を一緒にして東アジアとしても問題がない、としている (Ian Gough, op. cit.)。もっとも、その一方で、福祉オリエンタリズム論は、(東)アジアにおける社会保障・福祉制度の多様性を軽視しており、もっと綿密なタイプ分けが必要だとの批判がある(代表的なものとして、

Ian Holliday, op. cit.を参照)。なお、福祉オリエンタリズムという概念こそ用いてないが、イト・ペング「東アジア福祉国家とその新たな挑戦」社会政策学会(編)『「福祉国家」の射程』(ミネルヴァ書房、2001年)、第5章は、東アジアにおける高齢者の福祉がいかに家族に依存したものであるのかを実証的に明らかにしており、参考になる。

(17) これらの他に指摘し得る福祉オリエンタリズムの問題点としては、(注(16)でふれた再分配機能の弱さを背景にして)既存の社会的経済的格差を固定化する可能性がある点、また、既存の家族制度を前提にする限り、家族の中で構成員に対してケアを施すのは女性でありがちなので、女性に対して大きな負担を強いることになるというジェンダーに関わる点がある(Roger Goodman et al. (eds.), op. cit., pp.17-18)。なお、このジェンダー関連の問題点については、Bina Agarwal, "Social Security and the Family: Coping with Seasonality and Calamity in Rural India", in Ehtisham Ahmad et al. (eds.) *Social Security in Developing Countries* (Clarendon Press, 1991), ch. 5でも詳細な分析がなされており、参考になる。

(18) 社会保障のタイプ分けとしては、Esping-Andersenによる三類型(Gosta Esping-Andersen, *The Three Worlds of Welfare Capitalism* (Polity Press,1990))などがよく知られているが、極めて大雑把には、制度的なもの(イギリスなどのケース)と残余的なもの(アメリカが典型的ケース)に区分できよう(この分類については、R. Pinker, *Social Theory and Social Policy* (Heineman Educational Books, 1971)を参照)。ここで念頭にあるのは主に前者であるが、後者の場合にも、国家による社会保障が前提となっていて、それを補完する形で非政府の組織(ボランティア団体など)による社会的セーフティネットがはりめぐらされているという意味では、国家による社会保障制度を否定的に捉えてのものでないことは明らかである。

(19) 例えば、イギリスでの救貧思想の基底には、貧民が経済社会の発展の足かせになっているので、そうならないように隔離した上でトレーニングを施すという考え方があった。社会的セーフティネットについては、市場の機能不全によって発生する社会問題への対応という側面が一般的には指摘されるが、しかし同時に、それによって市場機能をスムーズにするという側面(市場補完機能とでも呼ぶべきもの)があることも否定できない。この点に関連しては、金子勝『セーフティーネットの政治経済学』(筑摩書房、1999年)、特に第3章、および橘木俊詔『セーフティ・ネットの経済学』(日本経済新聞社、2000年)、第1章が参考になる。

(20) ワークフェア・プログラムが貧困緩和・解消にとって含意するところについては、Timothy Besley & Stephen Coate, "Workfare vs. Welfare: Incentive Arguments for Work Requirements in Poverty Alleviation Programs", *American Economic Review*,

Vol.82, No.1 (1992), pp.249‐261, Pranab Bardhan & Christopher Udry (eds.) *Development Microeconomics* (Oxford University Press, 1999), ch.11, Martin Ravallion, *Appraising Workfare Programs* (IDB, 1999)を参照。なお、ワークフェア論に対しては、失業者による非効率的・非生産的所得維持活動に批判的な観点からの立論である、社会的排除に対する「一方的な」アプローチであって社会的統合に向けた動きにはなっていない、かつてのワークハウスと同様の「社会的統制の抑圧的な手段」でしかなく市民権の確立には結びつかない、などといった批判も提起されている (Sandro Cattacin et al., "Workfare, Citizenship and Social Exclusion", in Jet Bussemaker (ed.), *Citizenship and Welfare State Reform in Europe* (Routledge,1999), ch.4)。もっとも、金大中のように、最大限の公的扶助と労働を結びつける考え方もあり(金大中『生産的福祉』(毎日新聞社、2002年))、ワークフェア論にも様々なヴァリエーションがあると言える(この点については、さらに埋橋孝文「福祉国家戦略と社会保障制度の再設計」社会政策学会(編)、前掲書、第8章を参照)。むしろ、人間発展に沿ったワークフェア・プログラムとは何かを明らかにしていくことこそが必要であろう。

(21) 以上のデータは、ILO, *World Labour Report 2000* (ILO, 2000), Statistical Annex, Table 7による。

(22) ここでの「保護的(protective)」および「促進的(promotive)」の概念は、Jean Drèze & Amartya Sen, "Public Action for Social Security: Foundations and Strategy", in Ehtisham Ahmad et al. (eds.), op. cit., ch.1 に負っている。

(23) この論点を含めインフォーマル部門を対象にした社会的セーフティネットのあり方については、フォーマル部門を対象とする公的社会保障の制度的拡張によっては、インフォーマル部門における社会的セーフティネットの整備という課題には対応しきれないとし、当事者自身による保険スキーム等の制度立ち上げを視野に収めた Wouter van Ginneken, "Social Security for the Informal Sector: A New Challenge for the Developing Nations", *International Social Security Review*, Vol. 52, No.1 (1999), pp. 49‐69 が示唆に富む。他には、Roger Beattie, "Social Protection for All: But How?", *International Labour Review*, Vol.139, No.2 (2000), pp. 129‐148 やESCAP, *Economic and Social Survey of Asia and the Pacific* (ESCAP, 2000), ch.3 を参照。

(24) 以上のタイ政府の対応とその問題点については、Thailand Development Research Institute (TDRI), *Social Impact Assessment: Synthesis Report* (TDRI, 2000)を参照。なお、総労働人口に対する外国人労働者数の比率は、1996年時点で、シンガポール25.0％、マレーシア19.7％、香港10.0％、タイ3.8％、台湾3.0％、韓国1.0％な

どとなっており、アジア危機を契機に、労働許可の取り消しや本国送還などがこれらの国・地域では相次いで実施された。その詳細については、Md. Mizanur Rahman, *The Asian Economic Crisis and Bangladesh Workers in Singapore* [Working Paper No. 147] (National University of Singapore/Dept. of Sociology, 1999) や *Asia and Pacific Migration Journal*, Vol.7, Nos. 2-3 (1998)〔Special Issue on "The Impact of the Crisis on Migration in Asia"〕を参照。

(25) 周知の通り、移民労働者の扱いについては「均等待遇」とすべきことが、ILOによる一連の国際条約（第19号、第97号、第118号、第143号）によって定められてきた。また、157号条約（1982年）では、労働者とその家族は居住地の如何に拘らず社会保障9部門に対する権利を保全することができる、とされている。一方、1990年には、国連で「あらゆる移民労働者とその家族の権利保護に関する条約」が採択されている。しかしながら、これらはいずれも、批准国数が不足していて発効していないか、あるいは発効していても実効性を伴っていないというのが実情である。

(26) 例えば、A. de Swann (ed.), *Social Policy beyond Borders* (Amsterdam University Press, 1994) や Bob Deacon et al., *Global Social Policy* (Sage,1997), Bob Deacon, *Globalization and Social Policy* (UNRISD,2000), Amartya Sen, "Work and Rights", *International Labour Review*, Vol.139, No.2 (2000), pp.119-128, Nicola Yeates, *Globalization and Social Policy* (Sage, 2001)、岡伸一「『国際社会保障論』の構築」『週刊社会保障』第2097号(2000年)、24～27頁などを参照。

(27) Andrea Cornwell & John Gaventa, "From Users and Choosers to Makers and Shapers: Repositioning Participation in Social Policy", *IDS-Bulletin*, Vol. 31, No. 4(2000), pp. 50-62.

(28) このようなSRM研究の最大の難点は、個々人が社会的存在であるということが考慮されていない、別言すれば、各人にとっての構成（ミックス）やポートフォリオがどのような社会的枠組みによって可能になるのかという問題が軽視されているという点であろう。

(29) 足立正樹「社会保障における国際比較研究の意義と課題」『海外社会保障研究』第130号（2000年）、7頁。

第6章

貧困緩和・解消スキームとしての
マイクロファイナンス

1. はじめに

　「貧困撲滅のための（第1次）十年」（UNDEP-Ⅰ）を設定してまで貧困緩和・解消に対する国際的取り組みを強化しようとしている国連は、一体どのような形で貧困緩和・解消をはかろうとしているのか。重債務貧困国（HIPC）の債務救済やいわゆる20：20コミットメントをめぐる議論、人権としての発展の権利の実現のためのガイドライン作成に向けた作業など、いくつかの注目すべき動きが示されていることは確かであるが、しかし、それらは、いずれもUNDEP-Ⅰ関連の公式文書との直接的関係性が薄い[1]。UNDEP-Ⅰに関するこれまでの国連文書、関係文献[2]を概観する限り、貧困緩和・解消の方向性には明確に言及されているものの、その実現のための具体的構想は殆ど見当たらないというのが筆者の率直な印象である。国連文書では、貧困の状況と各関係機関による取り組みについては多くの情報が載せられているが、しかし、貧困緩和・解消に向けて国連がどのような具体的構想をもっているのかをそこから読み取ることは非常に難しい。かつてUNDDのために提起・策定された戦略が、しばしば時の国際開発論に大きな影響を与えたのとは、実に対照的である。

　このような中で、唯一の具体策として取り入れられているとさえ言っても過言ではないのが、マイクロファイナンス（Microfinance, 以下MFと表記）である。MFは、マイクロクレジット（Microcredit, 以下MCと表記）、マイクロセイヴィング（Microsaving, 以下MSと表記）、そしてマイクロインシュアランス

（Microinsurance, 以下MIと表記）からなる金融サービスであるが、所得水準が低く資産がない、従って、担保になるものをもたず返済能力がないと見なされるが故に、在来の制度金融にアクセスできなかった貧困者の生活環境改善にとってMCがとりわけ有効であるとの評価が世界的に高まった関係で[3]、国連のMFに対する注目もまずはMCに向けられた。実際、国連総会は、UNDEP-Iがスタートした直後の1997年12月18日に「貧困撲滅におけるマイクロクレジットの役割」に関する決議を行ったのに続いて、翌98年12月15日には、2005年を「マイクロクレジット国際年（IYM: International Year of Microcredit）」とすることを決議している[4]。UNDEP-I関連で国際年設定が決議されたのは、これが最初である。ちなみに、2005年は、1997年2月に開催されたマイクロクレジット世界サミットがMCの顧客1億人達成の目標とした年であることは周知であろう。

また、このような動きと相前後して、1997年9月のSUM（Special Unit for Microfinance）設置、その2年後のUNCDF（U.N. Capital Development Fund）への完全統合に代表されるように、MF機関に対する主に資金・技術面での支援体制も整えられてきた[5]。国連システムを構成する世界銀行やILOなどのMFに対する取り組み[6]を加味すると、MFに対する関与は不可逆的に進行していると言える。

さて、本章は、国連のMFに対する認識を評価しようとするものである。国連によるMF支援の背後にある認識がいかなるものであるのか、そして、それはどのように評価できるのかが本章のテーマである。もっとも、国連のMFに対する認識が特にユニークなものとは言えない以上、ここでの検討は、国際開発論全般におけるMFの取り扱いとその評価に通じるものと考えてよいだろう[7]。以下では、まず、国連文書にあらわれた貧困撲滅策としてのMFの認識内容を紹介し、続く二つの節でその評価を試みる。第3節でMFを支持する理由とその根拠となるこれまでのパフォーマンスに対しての国連の見方を吟味し、第4節では、MFに対して国連が期待する役割の内容を検討する。

2．国連のマイクロファイナンス認識[8]

(1) MFを支持する理由

　言うまでもなく、貧困撲滅に対するMFの貢献を積極的に評価しているからこそ、国連はIYMを設定してまでMFに対する支援を拡大しようとしてきた。国連がMFを支持する理由は、おおよそ次のようにまとめられるだろう。第一は、在来金融の不在、もしくは不十分さを埋める存在として、MFが、特に農村の人々にとって経済変動に対するクッションとしての役割を果たしているという点である。あらゆる経済が、貯蓄者から投資者への資源移転を媒介する金融仲介機能に依存してきたにも拘らず、発展途上諸国ではそうした機能の発達が十分ではなく、特に貧困層は、物的担保の不足、取引費用の高さ、また煩雑な手続きを背景にして、事実上そうした機能の恩恵にあずかることができないできた。これに対して、MFはそうした問題を解決して、貧困層に金融仲介機能へのアクセスを可能にし、さらに、そのことを通じて貧困の緩和・解消をもたらしてきたというのである。

　第二に注目しているのは、多くのMF機関が物的担保の代替として採用している小集団連帯責任制である。もっとも、国連は、この集団制を担保として評価しているのみならず、「経済的社会的進歩にとって役立つ貴重な情報を広める手段」[9]として機能していることにも注目している。

　第三に、管理構造が単純であり、プロセスが全体にわたって参加型である点を評価している。そして、その結果として女性が主な受益者となっている点にも着目している。高利貸し等のインフォーマル在来金融に比して低いとはいえ、市場金利とほぼ同じ水準で利子が課されているにも拘らず、しばしば高い返済率が達せられているのは、このような参加型のメカニズムを通じて、クレジットに対する権利とその返済という義務についての認識が高められているからだともする。

(2) MF機関のパフォーマンス、インパクトの評価

　しかしながら、同時に注目したいのは、国連はMFを貧困緩和・解消のための

万能薬とは決して考えていないという点である。まず、そもそも、MCの家計所得に対してのインパクトに関するこれまでの調査結果については、非常に慎重な見方を示している。MCプログラム加入者の家計所得上の変化を、非加入者の場合と比較した従来の調査は、加入によって家計所得が上昇したと観察しているものが多いが[10]、しかし、国連の立場は、だからといってそれを一般化できる訳ではなく、また、インパクト評価手法の妥当性について専門家の間で意見の違いが少なくないことを率直に認める内容のものとなっている。

　第二に、貧困層への到達という点でも、決して楽観的な立場をとっていない。貧困線以下の所得の人々であってもそれなりのビジネスのノウハウやスキルを身に付けている人々にとっては、MFは有効に機能する可能性が高い。しかし、それらに欠いているが故に経済的活動に従事できないでいるのが貧困層が貧困である所以であり、そのような人々に対しては、MFへのアクセス以前・以外になされるべきことがあるし、仮にMFが利用可能だとしても、そうした条件が整っていない場合には非生産的な形で利用される可能性の方が高い、と見ている。OECDの研究を引きながら、MFは土地へのアクセスと適正技術の供与という補完が必要だとも述べている。

(3) MFに期待する役割

　以上のような認識を踏まえた上で、MFに期待する役割を国連は次のようにまとめている。まず、MFは、貧困者の所得を上昇させる経済活動、換言すれば、生産的活動に結びつけられて、初めて貧困撲滅策になり得るとする。国連がとりわけ注目しているのは、世界全体で5億人を雇用していると推計されている零細事業体部門でのMFの活用である。返済能力さえあれば、非生産的用途にMFを結びつけることがあってもよいとする新最小限アプローチ（New Minimalist Approach）ではなく、このような意味での所得創出アプローチ（Income Generation Approach）が重要だというのが、国連の基本的立場である。

　第二に期待されているのは、MFを構成する3つの部分の相互連関性の強化である。とりわけ、MCをMSと連動させ、MF機関が財政面での対外依存度を減

らしていく方向性に大きな期待が寄せられている。MFが福祉・慈善事業でない以上、貧困者の返済能力から貯蓄能力へと徐々に重点を移し、MF機関の貯蓄動員能力を強化することが重要だとしている。また、既にILOなどを中心に実際に取り組まれているが、MSが進んでいくと貧困者向け社会保険などといった形でのMIも充実するという方向性も見込まれている。

第三は、MF機能の限定性（補完性）の重視である。貧困に対するたたかいの中で最も重要なのは、教育、住居、健康・栄養の面でのサービス供与であるとする国連は、MFはこれを補完するものとして重要だとしている。別言すれば、MFに貧困緩和・解消策の第一義的な重点を置いている訳では必ずしもなく、MFがしばしば到達困難な極貧層には、これらのサービス供与によって人間としての最低限の生活保障をはかることが最優先されるべきだというのである。また、例えば農業を営むに当たって土地が制約要因になっているような場合には、公的介入による土地改革が伴わなければ、MFは有効に機能しないとも見る。

この点に関連して、先進諸国による援助額が減少する傾向を示す中で、MF機関支援の資金の増大が、農村のインフラ整備向けの援助資金の減少を結果的にもたらしていることに警告している点が看過できない。農村のインフラ整備を怠ることに伴って、貧困層の生活環境が実質的に悪化するならば、MF機能の強化に期待されるプラスの貧困緩和・解消効果は相殺されるだろうというのである。

最後に、MFの今後の展開に関しては、MF機関を次々に増やしていくよりも、現存するMF機関の制度的能力を強化する方が重要だとしている。MF機関に対して立ち上げを含む初期段階での支援に"ニッチ"を見出してきたSUMの考え方とは若干ズレがあるようにも見受けられるが、ともあれ、MF機関の数量面での拡大よりも、その質的制度的強化に重点を置こうとしている点は注視される。

3．マイクロファイナンスの成果に対する国連評価の検討

(1) MFを支持する理由をめぐって

MFを積極的に評価する理由としてあげられているものは、いずれもこれまで

にMFを評価する際に必ずと言ってよいほどあげられてきたものといえ、極めて常識的な内容となっている。但し、MF機関加入に際してしばしば結成される小集団の意味が、物的担保の代替にとどまらず、一つの社会的主体として経済的社会的発展の動因ともなり得ると見ている点は、これまでの一般的な（MFを金融サービスとしてのみ認識する観点からの）評価ではあまり強調されてこなかったという意味で注視される。伝統的な紐帯（地縁、血縁など）ではなく、共通の目的と自己選択（self-selection）に基づいて新たに結成される小集団は、確かに、返済の相互監視という形での担保以上の意味を有していると考えられる。例えば、小集団の結束力を高めるためのトレーニングの過程で、目的を共有する者同士での経験交流や情報交換がなされ、それが相互の刺激になるということがあろう。MF機関への加入によって新たなソーシャル・キャピタルが形成され、それがMF以外の場面でも活用されていく可能性は決して小さなものではない筈である[11]。

　他方、女性の参加が見られる点に着目していることには次のようなコメントを加えたい。この点に関連して、バングラデシュでは夫や家族に促されてMF機関に加入したという女性が多く、しかも借り入れた資金がメンバーである本人以外によってより多く使用されているとの報告がある[12]。女性の参加が女性のエンパワーメントにつながっているかどうかは、従って、MF機関への参加度からだけでは判断できず、資金が実際に誰によってどのように使用され、その結果として、誰の生活水準がどのように変化したのかについての詳細な分析が不可欠である。MF機関への加入とそのサービスの利用が既存の家庭内人間関係を前提としているのであれば、MFの女性エンパワーメント効果はそれほど強調された形ではあらわれていないのではないか、と見る視点も必要であろう。むしろ、MF機関への加入の結果として、家計のリスク対応強化あるいは所得向上が全体としてなされ、そのような中で女性の生活環境も改善されていくという面の方が強いのではないか、ジェンダー関係が大きく変化して女性のエンパワーメントがもたらされているという面はそれほど強くないのではないか、とも見受けられる。いずれにせよ、この点をめぐっては、家庭内人間関係にまで踏み込んだ研究を積み重ねていく必要があろう。

(2) MF機関のパフォーマンス、インパクトをめぐって

次に、MFのインパクト評価に対しての国連の受け止め方について、その慎重な姿勢は妥当だと評価できる。例えば、家計所得に対するインパクトについて、既述のように、多くの調査がMF機関への加入によるプラスのインパクト（家計所得の増大）を導き出しているとはいえ、そこでよく用いられるコントロール集団との比較という手法だけでは、しばしば指摘されてきたように、MF機関加入者・世帯の所得増大がMF機関加入によるものなのか、それ以外の要因によるものなのかを識別することはできない。また、同じく貧困線以下の所得水準にありながらも、MFによる所得増大効果は、相対的に貧困ではない者・世帯の方が大きい（もっとも、より貧困ではなくなるほど、その効果は逓減する傾向が見られるが）との分析結果[13]も知られており、MFによる貧困緩和・解消効果が貧困層に一様にははたらかない可能性にも配慮する必要がある。さらに軽視できないのは、長期的観点からのインパクト評価がおろそかにされてきたという点である[14]。家計所得へのプラスのインパクトが長期にわたって持続可能なものなのかどうかは、特定の一時点での調査が相互に無関係に行われるだけでは到底明らかにし得ない。

他方で、フローではなくストックの観点からのインパクト調査も非常に限られている。MF機関の加入資格が資産（土地の所有面積や自己家屋の有無など）の観点から定められるケースが少なくないという現状を踏まえると、このようなインパクト調査の従来のあり方は納得できないものがある。とはいえ、限られた調査がしばしば示唆しているのは、貧困世帯の資産形成・強化という点でのMFの効果はマージナルだという点である[15]。もっとも、この側面こそは長期のパースペクティブの下での評価作業なくして明らかにできないのであり、一定の結論に到達するにはなお難しい状況がある。

貧困層への到達度についての評価をめぐっても、以上と同様の状況がある。例えば、貧困層とはいっても貧困線に近い比較的に裕福な人々への到達に限られているとの指摘は少なくない。MFの成功例としてよく引き合いに出されるボリヴィアのBancoSolやインドネシアのBRI-unitは、実際には最貧層からの加入者が

少なく[16]、また、グラミーン銀行の場合も、リピーターの多さによって裾野の広さが維持されている実態があるという[17]。グラミーン銀行については、さらに、信用供与の規模や種類が増えるに伴って、いわゆるミスターゲッティングの問題が深刻になっているとの指摘もある[18]。ちなみに、マイクロクレジットサミット・キャンペーン事務局が世界の1065のMC関係機関を対象として行った調査によれば、顧客の総数は1999年末時点で2355万5689名であり、このうち58.5％が最貧困層（各国についての貧困線以下人口の中での貧しい方の半分）に属するという。この割合は、1年前の時点と比較して、わずかに0.1％増加したに過ぎず、最貧困層への到達という点でなお課題が残されていることが示唆されている[19]。

　ところで、グラミーン銀行の"成功"要因としては、取引費用の縮小という文脈においていわゆる村内業務がしばしばあげられる。それは、端的に言えば、貧困層からのアクセスを待っているのではなく、MFの方から貧困層にアプローチしていくということだが、このことが示唆しているのは、MF機関が提供する金融サービスの機会が拡充されれば、貧困層への到達度は自然に改善されるとは考え難いということだろう。貧困層をMFに惹きつけるにはそれなりの施策と費用負担が必要である。ちなみに、この点に関しては、最近、費用効率的な手法の開発が可能であり、その採用によって貧困層への到達度を実質的に拡大できるとする議論が提起されている[20]。とはいえ、MF機関からの脱退者、脱落者、あるいは（積極的）非加入者の実態は十分には明らかにされていないのが現状であり[21]、費用効率的な手法が導入されれば到達度が改善されるとの見方は、観念的な認識の域をなお出ていないと言える。

　以上に関連して付言したいのは、バングラデシュでのPPAの結果、貧困層はMFが自己の貧困状況の改善にとって決して有効ではないとの認識をもっていることが明らかになっているという点である[22]。バングラデシュでのPPAは、周知のように、世界銀行ではなくUNDPが先行して進めたが、貧困層のMFに対する評価は、表6-1に明らかなように、非常に厳しいものとなっている。バングラデシュでは1000を超える組織がMF関係のプログラム、スキームを実施していると言われる中で[23]、MFは、当該PPAの当事者にとって、言うまでもなくよく

表6-1 バングラデシュ農村部におけるMCサービスに対しての貧困者の評価

村落名	MF機関名[1]	評価内容	満足度[2]
Agarjury	グラミーン銀行	闇市場に比べ高い利子	C
Arzoon	Eso Kaj Kori	無利子でよい	A
Boro Shoula	グラミーン銀行	返済制度に不満	D
Darerpara	BRAC	金額は十分だが、返済条件が厳しい	D
		不必要に困難な書類上の手続き	
	Shaw Unnayan	低い利子、簡素な手続き、容易な返済	A
Fatika	グラミーン銀行	受けやすく、賄賂が不要家屋に利用	A
		高い利子	D
Mandra	PROSHIKA	所得向上に貢献	A
	SEDO	高い利子	D
Moddha Barga	PROSHIKA	所得向上に貢献	A
	SEDO	お金をもち逃げ	C
	グラミーン銀行	非人道的な制度	C
Mohammedpur	グラミーン銀行	高い利子	D
Nakugoan	BRAC	週ごとの返済に不満	D
Nawagoan	グラミーン銀行	利子が高く、金額も不十分	D
N Balasur	グラミーン銀行	助けになるが、返済制度は冷徹	D
	PROSHIKA	所得向上に貢献	A
Rajnagar	ASA	高い利子	D
	グラミーン銀行	受けやすいが返済が問題	D
Sonai Kandi	BRAC	高い利子	D
	グラミーン銀行	高い利子	D

注1) いずれも非政府組織
注2) A：よい、B：可、C：平均以下、D：よくない
出所) *UNDP's 1996 Report on Human Development in Bangladesh*, Vol.3, p.76に基づいて作成。

知られた存在であった。しかし、それがネガティブに評価されることが多いとすれば、少なくとも従来のMFはPPAに連動した形で考案されたプログラム、スキームではなかったと考えなくてはならないであろう。

その一方で、MFは有効だとしても、それだけでは不十分であるとのMF機関加入者の声も少なくない。バングラデシュの代表的なMF仲介機関であるPKSF（Palli Karma Sahayak Foundation：農村雇用支援財団）の26のパートナー機関の顧客を対象にして世界銀行の指導の下に実施された調査でも、MF機関がクレジット供与に並行して訓練等のプログラムを実施して欲しいとの声が多く出されている[24]。この点は、MF機関が提供サービス内容に関して最小限アプローチ（Minimalist Approach）、統合的アプローチ（Integrated Approach）（これはクレジットプラス・アプローチ（Credit-plus Approach）あるいは最大限アプローチ（Maximalist Approach）と呼ばれることもある）のいずれを選好すべきかというよく知られた論議に関わる問題ではあるが、いずれにせよ、MFが貧困層への到達度を高めていくためには、貧困層側のニーズの把握とそれに合致した費用効率的サービスの開発を進めることがなお必要であろうという意味において、MFの貧困層への到達には少なくない課題が残されていると言えるだろう。

もっとも、貧困層への到達に関しては、MF機関の加入者をできるだけターゲット集団に属する者・世帯にするという方向でのみ考えてよいのかどうかという問題もある。いわゆるMFの非貧困層への遺漏という問題に関してよく引き合いに出されるのは、MF機関加入者の中に非ターゲット集団に属する者が少なくないという点である。このような議論には、加入者ができるだけターゲット集団に属する者によって構成される方が望ましいということが含意されている訳だが、しかし、MF機関をターゲット集団に属する者・家計だけで構成することが適当かどうかは簡単には判断できない。加入者の中に非ターゲット集団に属する比較的富裕者やいわゆる「卒業者」が含まれている方が、貧困な加入者にとって参考にできる経験が身近にあるという意味でも、また、デフォールト回避につながりやすいという意識を加入者と機関管理者の双方において高めるという意味でも、プラスの効果が期待できるという指摘があるからである[25]。貧困層への到達が、

貧困加入者数の増大という意味で考えられることは確かだとしても、MF機関加入者が貧困者で占められるということとそれは同義ではないことに、改めて留意する必要があろう。

なお、MFの貧困緩和・解消効果についてであれ、貧困層への到達度に関してにせよ、従来の調査は、大半がバングラデシュを対象とするものであった。バングラデシュ以外のMFの評価作業は十分ではなく、貧困緩和・解消策としてのMFの評価については、なお多くの事例研究が必要だと言える。他方、バングラデシュのケースについても、対象範囲の点でもタイム・スパンの面でも包括的な調査は非常に限られている[26]。評価作業には多大な費用と時間がかかることから、このような状況があることはやむを得ない面があるが、しかし、これまでの個別的断片的な調査から断定的な結論を導き出すことには無理があるという点はやはり留意されなくてはならない。費用効率的な評価方法の開発が差し迫った課題であることについては、改めて強調するまでもない。

以上のように、MFのパフォーマンスについて確固とした結論が得られない中で、MFを万能視しない態度をとることはいわば当然と言え、むしろ、それが有効性を発揮し得る場面をはっきりと見据えた上で、限定的な利用を考えようという国連の姿勢は十分に評価できると言える。

4. マイクロファイナンスに期待される役割に関しての国連認識の検討

(1) MFの零細事業体部門とのリンケージをめぐって

それでは次に、有効性を発揮し得る場面に関する議論はどのように評価できるであろうか。既述のように、国連は、MFが所得創出活動に結びつけられた時に最も大きな有効性を発揮すると考え、特に、零細事業体部門とのリンケージ強化に期待を寄せている。

さて、このような構想について、疑問点としてまずあげられるのは、MFがしばしば果たしてきたとされる「消費の平準化」機能[27]をどう考えるのかという点

である。MCやMSを介して得た資金がどのように利用されているのかに関しての調査の多くが明らかにしているのは、家計消費にそれらの資金の少なくない部分が使われているという実態である[28]。また、住宅購入のためのローンのように消費と直接的に結びついたMCプログラムが多くのMF機関で設定されており、それらに対する需要も大きいと報告されている[29]。従って、MFを生産的な所得創出活動とのみ結びつけて活用するということであれば、MFが事実上果たしてきたこのような機能を代替的に担う機関や施策が必要になろう。この点は、後で改めてふれる限定的・補完的機能としてのMFという考え方に密接に関わるものであろうが、しかし、少なくとも明示的にはこの問題に対する国連の所見は示されていない。この問題に関わる一つの考え方としては、家計の基礎的消費を公的な所得移転によって充足するというBHN論的なものがあろうが、この考え方の是非を含めて、どのように考えているのかは不明である。

　なお、MFを通じて家計消費が増えれば、少なからぬ最終需要効果が発揮され、それらが諸産業の成長を促して、貧困層の雇用や零細事業体の生産を刺激するというシナリオも考えられなくもない筈である。だが、国連の視野には、このような可能性は全く収められていないようである。これまでの事実上の「消費の平準化」機能によっては、このような動きは全くと言ってよいほどに見られなかったと認識しているからであろうか。いずれにせよ、MFを貧困者・世帯の消費と結びつけるという考え方は、国連のMF認識には含まれていない。

　他方、MFに対する需要が高まったのは、高利貸し等のインフォーマル在来金融による搾取性を回避できると考えられたことが大きな要因であった。しかし、MCやMSによって得た資金の使用状況に関しては、インフォーマル在来金融・MF機関からのローン返済に充当されているという指摘も少なくない。MF機関から借り入れした資金が、高利貸しからの借り入れの返済に向けられたり、逆に、MF機関への返済がインフォーマル在来金融からの資金融通によって可能になったりしている実態があるという[30]。さらに、インフォーマル在来金融からの借り入れが、MF機関への継続的加入を条件としてなされるようなケースも少なくないと報告されている。こうして、MF機関による金融サービスがインフォーマル

在来金融を代替するということが実態としてないということになれば、貧困層を取り巻く金融市場でのMFが果たす役割の再検討が必要であろう。また、MCやMSによって調達した資金の少なくない部分が借入金の返済に向けられているという実態があるとすれば、残りの部分が消費と投資のいずれに向けられようが、貧困緩和・解消の直接的なネットの効果はそれほど大きなものにはならないということになろう。返済率が高いこと、また、リピーターが多いことは、周知の通り、MFに対する満足度の高さを示す現象として理解される傾向が強かったが[31]、資金の新たな内部的創出と蓄積ではなく、その移し替えによって返済や加入継続が可能になっているとすれば、そのような理解は一面的であるということになる。こうした移し替えは、リスク対応という文脈において理解できる現象ではある。しかし、角度を変えれば、金融への過度な依存から抜け出せないでいるとも見ることができるのであり、こうした状況に照らしてみた場合、MFを生産的な所得創出活動と結びつけるという国連の考え方は説得力があり、加入者の生計向上に向けて展望のある一つの方向性を示していると言える。

ところで、このような零細事業体部門の発展は、大規模事業体部門に対してこれまで期待された雇用集約型成長が多くの発展途上諸国において裏切られた結果として、雇用吸収的発展に残された数少ない方向性の一つとして評価できるかも知れない。1960年代末から1970年代初めにかけて、ILOなどを中心に、発展途上諸国におけるインフォーマル部門（但し、実態はthe working poor）の広範な存在が問題提起されて以来、開発戦略の基本的視点は、周知のように、フォーマル部門の雇用集約型成長によって、インフォーマル部門就業者をフォーマル部門の主に被雇用者として吸収するという方向性に置かれてきた。別言すれば、フォーマル部門が雇用吸収型の成長を遂げれば、インフォーマル部門は自動的に消滅していく、インフォーマル部門の存在は一時的な現象であるという見方が支配的であった[32]。このような認識においては、従って、インフォーマル部門自体を強化・発展させるという方向性は殆ど考慮の外に置かれ、フォーマル部門の成長をいかに雇用集約的なものにするのかという点に専ら腐心がなされたのである。もっとも、インドネシアでのように、インフォーマル部門の事実上の労働力吸収機

能、生計維持機能が重視され、インフォーマル部門が消滅すべき存在とは必ずしも認識されてこなかった例[33]もあるが、しかし、そのような場合にも、その強化をはかるというところまで認識が及ぶことは殆どなかった。

だが、実際には、フォーマル部門の雇用集約型成長が十分な成果を生み出せなかった結果、今度は、雇用吸収的発展の動因をインフォーマル部門自体に求める動きが強まったと考えられる[34]。このような中で、零細事業体部門を、MFを通して発展させようというのは、開発戦略のあり方としても確かに傾聴すべきものがある。零細事業体部門が発展して、MF機関に加入できなかった最貧困層を吸収し、その貧困を緩和・解消するという可能性も大いに見込まれよう。

とはいえ、このような方向性に関して留意される必要があるのは、まず、在来の零細事業体を強化するということだけを考えるのか、それとも、新たな事業体の創設といったいわゆる起業までを視野に収めるのかという問題である。というのも、前者の場合と後者の場合とでは、MF機関による支援のあり方が異なってくると考えられるからである。在来の零細事業体部門の強化において金融以外のサービス（技術訓練等）が不必要だとは言えないまでも、起業の場合ほどには必要としないであろう。多くのMF機関が掲げるキャッチフレーズとは裏腹に、MFが起業に結びついたケースは稀だと指摘されているのも[35]、このような文脈において理解できよう。

他方、零細事業体部門の発展を中長期的に展望しようとすると、次のような問題も出てこよう。第一に、零細事業体の発展にとってMFは少なくとも初期の段階では有効にはたらこうが、事業の拡大、さらには中小企業への発展という方向でどこまでMFが有効なのかについては疑問が残る。MF機関による融資規模が少額であることが、事業の拡大を阻害してきたとの指摘は少なくない。加えて、第二に、零細事業体の発展は、しばしば、大規模事業体の発展によって制約を受けるというマクロ経済構造上の問題に直面してきた。このような問題を克服したいという場合に、MFは果たしてどこまで有効なのであろうか。いずれにせよ、零細事業体をMFによって支援するとして、その個別的、ミクロ的発展が、どのようなマクロ経済的、あるいはメゾ経済的なインプリケーションをもっているの

かという展望なしに、このような議論を先に進めることはできまい。

　最後に、MFがこれまでに事実上有してきた農業部門との関係をどう考えるのかという問題も提起したい。農村でも非農業収入の機会を増大させて、貧農の生活基盤を強化するという考え方はよく理解できるが、しかし、MFはもともとは従来の農業制度金融に対してのオールタナティブとしての性格を強くもって登場したと言える[36]。例えば、グラミーン銀行への加入による貧困緩和メカニズムについては、「加入後２年くらいまでの初期段階においては、…収益率が低く、自家労働を『搾取』することによってようやく一定の所得が確保できるような伝統的なIG〔収入向上〕プロジェクトを行う……。次に３年目から４年目になると、……メンバーの投資先はしだいに資産形成に重点が置かれるようになってくる。まずはヤギ・牛などの家畜の購入である。また……土地の質受けも始まる。……さらに５年目以降になると、メンバー自身、貧困から脱出できたという十分な確信が得られるようになり、収益性の低いIGプロジェクトから撤退するようになる。この頃から、よりリスクの高い事業に投資する者も現れ、また……より遠い将来展望を見据えた社会的投資が増加する」[37]と考えられており、とりわけ資産形成に伴う資産所得の獲得こそが貧困緩和の鍵になるとされてきた。非農業収入機会の創造とそれによる収入の増大は、農業資産形成に向けた過渡的方策に過ぎず、資産形成による農業活動の強化という方向性に最終的な活路が期待されてきた現実がある。そうだとすれば、MFを零細事業の展開にのみ結びつけ、農業の展開におけるその役割を考慮の外に置こうとする姿勢は、現実を十分に踏まえているとは言えない。

　以上、MFが事実上果たしてきた機能との関係、開発論の展開における位置づけ、当初見込まれていた方向性からの乖離、という３つの側面で、零細事業体部門とのリンケージという国連の所見を検討したが、しかし、なお残されている大きな問題がある。それは、MFを「どのようにして」零細事業体部門と結びつけるのかというリンケージのあり方の問題である。実は、この問題に対する国連の考え方は、公式文書を見る限りは殆ど明らかではない。しかしながら、この問題はMFの機能のあり方に関して非常に重要なポイントを含んでいると思われるの

で、ここで若干の考察を加えておきたい。

　MFによる資金の使途間代替性（fungibility）を制約すべきではないと考える論者は、かつての「監視された」農業金融が多くの失敗を生み出した経験を踏まえている訳だが[38]、しかし、MFが投資（貯蓄）と消費の双方の回路を通じて、零細事業体部門の発展をもたらし、貧困層の生活環境を向上させていくという方向性に一つの活路を見出そうとしているという意味では、MFと零細事業体部門のリンケージ形成自体に異論があるということではない。考え方が異なってくるのは、そのような方向性の実現が、使途を最初から限定するという方法によるのか、それとも、そのような使途に向かうようにマクロ的環境を整える、別言すれば、貧困層の合理的判断・行動を妨げている構造的制度的要因を除去するという形をとるのかというアプローチをめぐってである。もう少し別の角度から言えば、既存の市場構造を前提にし、そこから排除されてきた貧困層のそれに対する適格性（eligibility）を増大させるという方向で考えるのか、それとも、合理的主体としての貧困層がアクセスできるように市場構造を変革するという方向で考えるのか、という問題である。

　この問題に対してのスタンスは、MF機関によってまちまちであるというのが実態であろうが、MFが国際的に注目される大きな契機をつくったグラミーン銀行の場合には、どのように資金を用いることが最も効果的かということを加入者は熟知しており、使途を限定する必要はないし、そうすべきでもないという貧困層合理的主体認識から出発して、その判断・行為の実現を、従って貧困からの脱出を妨げてきた在来金融のあり方を是正しようというのが基本的スタンスである。創設者Yunusのクレジットは人権であるという認識は、この点を端的に表現したものとして理解できよう[39]。つまり、上の二分法に従えば、後者の方向で考えるということになるが、そうだとすれば、既存の市場構造の改変にどのような形でMFが貢献できるのかが理論的にも明らかにされていく必要がある。MFが、貧困層に対して機能するように金融市場、さらには財・サービス市場、労働市場を改変していくメカニズムとはどのようなものか[40]、さらには、それがMFだけを通して可能なのか、それとも別の制度による補完が必要なのかが解明される必要

がある。

　他方、前者の代表格としては、アメリカの国際開発庁（USAID）や米州開発銀行（IDB）があげられよう。特にUSAIDでは、MFではなく、Microenterprise Financeという概念が専ら用いられ、MFを最初から零細事業体の発展と結びつけたプロジェクト（MIP）が展開されてきた[41]。もっとも、そのような立場をとっているのは、貧困者が合理的主体ではないと認識しているからというよりも、貧困者に対して機能するという方向での市場構造の改変が、必ずしも目立った進展を示していないと判断しているからであると見受けられる。つまり、貧困者によるMF利用のこれまでの成果は、せいぜい脆弱性の一時的緩和にとどまっており、明確な貧困解消にはつながっていない。貧困者の合理性をより直接的に貧困解消につなげていくためには、損失や危険の回避という段階から所得・資産の強化という段階への移行が必要であり、そのためには、貧困層の側の市場へのアクセス力を高めることが重要である。そして、その一つの方法として、使途に関してのインセンティブを外から操作することが重要ではないか、というのである。

　だが、このことが単純ではないのは、失敗した「監視された」農業金融がそうであったように、使途を単に限定するというだけではインセンティブにはならないだろうという点である。生産的投資に向かうような環境づくりは、貧困層に対しての直接的施策だけでは十分とは言い難い。零細事業体部門の発展のための総合的な計画とその計画を実現するためのガヴァナンスの構築が必要であり、その中でMFが機能し得る場面を明確にしていく必要がある。

　零細事業体部門とのリンケージ形成のあり方をめぐる以上の二つのアプローチは、しかしながら、二律背反的な関係において考えられる必要はなく、実際には、相互に補完し合う、あるいは分業するという関係の中で、MFが貧困緩和・解消に効果を発揮するということになろう。というのも、貧困層と一括される者・世帯の実際の生活状況・環境は実に多様であり、一方のアプローチだけで問題がすべて解決できるとは到底考え難いからである。マクロ的環境づくりだけをとってみても、具体的にはいろいろ考えられるのであるから、むしろ、多様な小口金融需要に対して対応できるMFのあり方が考えられていく必要があろう。その際、

これまでの議論に支配的であったように思われる、あるMF機関が例えば最小限アプローチと統合的アプローチのいずれをとるべきかという問題設定ではなく、需要の内容に応じてアプローチを特定化する多様なMF機関・プログラムの混在という状況を念頭に置いた問題設定が必要になってくるであろう。なかでも、そのような混在をどのようなガヴァナンスで維持していくのかといった問題が重要になってくると考えられる。

(2) MC、MS、MI相互連関性の強化をめぐって

　MCをMSと結びつけるという考え方は、特にMC供与の条件として一定の貯蓄を義務づけるという形で、これまでにも多くのMF機関によって実施されてきた。だが、国連がMSを重視するのは、このような担保の代替として有効であるからのみならず、貧困層に安全な貯蓄の場を提供するという意味でも有用だと考えているからである。貧困ということから貯蓄能力が非常に低いということが連想されることがしばしばであったが、実際には、少額でありながらもリスク対応の一環として非常時に備えた貯蓄がなされるケースが多いことが報告され始めている[42]。だが、フォーマルな制度金融も在来的なインフォーマル金融も、こうした小口の貯蓄を預かるという仕組みを有していなかったため、何らかの講（ROSCAs: Rotating Saving and Credit Associations）を組織する場合を除けば、それらは、貧困世帯内に"退蔵"されてきた。少額貯蓄はあくまでも非常時への備えであって、何らかの金融機関を介してそれが前進的に使われることは殆ど考慮の外に置かれてきたのである。このことは、貧困者にとって安全で、有効な使用を可能にするような貯蓄の場がこれまではなかったことを意味している。従って、安全で、かつ前進的使用をも視野に入れた形で貯蓄ができる場が設定されるならば、貧困者・世帯の生活環境改善の可能性が大きく拓かれるだろうという意味で、国連の考え方は十分に評価できるものである。

　他方で、貧困者にとっての非常時の備えが自己貯蓄を通じて以外には考えられなかったということは、社会的セーフティネットの観点からは制度構築の可能性が十分には開拓されてこなかったということを意味しよう。MF機関の中には、

災害や死亡といった緊急時に備えたMIプログラムを導入しているものが少なくないが[43]、そうした経験を念頭に置きつつ、MSとのリンケージを強める形で貧困層向け社会保険制度のようなものを構想すべきだという考え方は、従って、十分に傾聴に値する。

なお、MFが零細事業体部門の発展と結びつけられるとすれば、そうした事業体の雇用者や被雇用者を対象としたMIの需要が高まってこよう。第5章でもふれたように、1997年央からのアジア経済危機を契機に生まれた従来の開発戦略・政策に対する反省点の一つとして、近年ILOなどを中心に検討が進められているのは、社会的セーフティネットの網の目をいかにしてインフォーマル部門にはりめぐらすのかということである。こうした点をも踏まえた時に、MI機能の整備・強化は重要性を今後増すであろうという意味でも、このような国連の認識は評価できよう。

さらに、MC、MS、MIの相互連関性を強化することによって、MF機関の財政的自立の可能性が増大しよう。MCやMIを充実させるための財源として、対外的な機関からの援助に依存するということは、少なくとも初期段階では必要であろうし、また後の段階においても好ましくないとは言いきれないにせよ、MFが慈善・福祉事業ではない以上、財政的自立が目指すべき目標であることには変わりがない。別言すれば、MFに対する外部からの支援が従来のものと違うのは、それが制度構築に向けられているという点にある。単発的なプロジェクトや構造改革といった期間限定的プログラムに対してのものとは基本的に異なっており、それが故に、最終的な目標が制度の自己展開に置かれるのはごく自然な見方である[44]。MC、MS、MI相互の連関性強化という考え方は、このような意味でも積極的に評価される必要があろう。

ところで、このような形で貧困層を取り巻く金融仲介機能が発達していくことで、貧困層をこれまで排除してきた市場が、貧困層がアクセスできる市場へと変化していくことが見込まれる。例えば、独占的・非競争的性格の強いインフォーマル在来金融が、競争的な性格のものへと衣替えすることが、MFという"フォーマル"金融の強化によって促されるということが期待される。また、貧困層へ

到達することがなかった在来フォーマル金融が、MF関係のプログラムを導入するなどして、顧客のベースを拡大するという方向性も見込まれる。こうした動きは既に現実のものとなっているが、今後一層加速されていくものと思われる。さらに、このように金融市場構造が変化してくると、財・サービス市場や労働市場も、貧困層がアクセスしやすいものに構造変化をとげる可能性が見込まれよう。

もっとも、このような動きの先には、市場がすべての貧困層に同じ結果をもたらさない可能性があるという問題が待っている。そして、そうした問題に、金融仲介機能を旨とするMF機関が十分に対応しきれないことは多言するまでもない。そうした状況の中では、自助的なMI以外に、何らかの社会的セーフティネット・スキームが考え出される必要があろう。それが、どのようなエージェントによるものであるのかは、セーフティネットの内容によって決まってこようが。

(3) 利用の限定化をめぐって

以上の(1)や(2)の方向でのMF機能の強化の半面で改めて留意する必要があるのは、加入貧困者・世帯の所得・資産改善とより多くの貧困者・世帯への到達という二重の意味での貧困緩和・解消において、MFが限定的な役割しか果たさない可能性である。それどころか、対応の如何によっては、貧困層の分極化がもたらされる危険すらあると言えるだろう。(1)の最後のところで述べた多様な需要に対応したMF機関・プログラムの混在という考え方は、そうした可能性を減らすための一つの方向性を示しているが、しかし、これに(2)でふれた財政的自立による制度強化という方向性が要件として重ね合わされると、そのことが一定の制約としてはたらき、費用効率性が低いが故にMF機関によってはカバーできない対象やサービスの領域が出てくることは言うまでもない。他方で、もともとMFによっては対応できない、あるいは他の手段によってもっと効率的に対応できるような対象やサービスの領域があることも繰り返すまでもない。MFが果たし得る機能に限界があるという国連の認識は、いずれにせよ極めて常識的なものと言える。

だが、問題は、貧困緩和・解消との関係でMFの限界性をどう確定できるのか

表6-2　金融サービスによる貧困緩和

所得水準による区分	商業的金融サービス			補助による貧困緩和プログラム
低位中所得者層	通常の商業銀行ローン、無条件の貯蓄サービス			
経済的活動貧困者層		商業的MCローン	小口貯蓄者対象の利子付貯蓄サービス	
（公式発表の貧困線）				
極度の貧困者層				食糧・水・医薬品等の保障、雇用創出、技能訓練などを目的とする貧困プログラム

出所）Margueite S. Robinson, *The Microfinance Revolution* (World Bank & Open Society Institute, 2001), Figure 1 (p.21).

ということである。世界銀行による表6-2のような形での整理が参考になるとはいえ、MFに関する理論的蓄積がなお不十分である現段階においては、MFによって貧困状況が改善されない、あるいは悪化する可能性があるのは、どのような場合かを包括的に明らかにすることは難しい。実際に、国連の文書でも、この点に関する記述は皆無に等しい。しかしながら、限界性の内容をはっきりさせることができなければ、どのような補完関係を他との間で設定できるのかも明確にはならない。

5．おわりに

国連のMFに対する認識は、これまでのMFに関する研究動向に照らしてみても、極めて健全であると評価できる。UNDEP-Ⅰの枠組みの中でMFに対する注目が突出しているような感じがこれまでは否めなかったが、しかし、従来の成果についても、また今後への期待という面でも、国連のMFに対する見識は妥当と

言える。但し、だからといって、UNDEP-Ⅰに対する取り組みが従来と同様でよいということではない。特に、MFでは対応しきれない問題について、それをどのような方法と経路で誰が対処できるのかを明確にしていく必要がある。別言すれば、貧困緩和・解消に向けた総合的なフレームワークがどのようなものであり、その中でMFがいかなる位置を占めているのかについて、明確なビジョンが必要だということである。

そのために最低限必要と思われるのは、MFの問題性とそれに対応した解決策とを具体的に明らかにする作業の蓄積である。そして、その際に参考になると思われるのは、MFにアクセスできない、あるいはMFからドロップアウトした人々の声であろう。第3章にも関連することだが、貧困をいかに認識するのかという点に比べれば、貧困からいかに脱却するのかという点での貧困者の声は重視されているとは言い難い。MFが十分ではないことの背景を探ることを通じて、MFの限界性をより明確にすることができれば、貧困緩和・解消のための他の諸方策、さらにはそれらとMFとの組み合わせ方について、より建設的な知見が得られるであろう。次章は、そうした方向への重要なステップである。

【注】
(1) HIPCの債務救済と20：20コミットメントは、社会発展サミットとその後のフォローアップの中で提起されたものであるし、人権としての発展権の実現に向けた努力は、人権委員会で続けられてきた（この側面での最近の動きについては、国連総会文書A/55/306（*Right to Development: Note by the Secretary-General*）を参照）。
(2) ここで主に参照したのは、国連事務総長が毎年国連総会に提出しているUNDEP-Ⅰに関しての総括報告（A/52/573、A/53/329、A/54/316、A/55/407、A/56/229）である。また、UNDEP-Ⅰに関連した国連の動きについては、国連事務局（Division for Social Policy and Development）が発行している *Bulletin on the Eradication of Poverty*（http://www.un.org/esa/socdev/よりダウンロード可）が詳しい。
(3) MFに対する関心は、バングラデシュのグラミーン銀行などいくつかのMC機関の"成功"が契機となって高まったが、1990年代に入ってそれらのレプリカを専門とする機関が設立されたり、機関相互の連絡網が形成されたりして、関心の度合と広がりが一気に増したと言える。1997年2月のMC世界サミットでは、そうした動きが集約される形でさらに大きくMC,MFに対する関心が喚起された。こうしたうねりがいかに大きな影響力をもっていたのかは、同年に開催された非同盟運動第12回閣僚会議、SAARC第9回サミット、OAU第33回首脳会議などで、いずれもMCを支持する宣言が採択されたことに如実に示されている。UNDEP-Ⅰの取り組みの中で国連の眼がまずはMC、さらにはMFへと向かったのも、こうした展開の中で理解できよう。
(4) 「貧困撲滅におけるマイクロクレジットの役割」に関する決議はA/RES/52/194、また、IYMに関する決議はA/RES/53/197。前者の決議では、人々を貧困から解放し、社会の経済的政治的過程への参加を促す点でMCが有効であるとした上で、それぞれのプログラムにMCを組み込むよう、国連システム諸機関、関係の国際的・地域的金融機関、援助供与機関に要請している。また、後者の決議は、同時に、IYMの行動計画案を第58回国連総会に提出するよう国連事務総長に求めている。
(5) SUMは、国連内のMF支援に向けた様々なイニシアティブの調整を目的として、UNDPとUNCDFの共同ユニットとして設置されたが、本文でもふれたように、1999年にはUNCDFに完全に統合された。SUMのMFに対する取り組みは、まずMicroStartプログラムと呼ばれるMF機関立ち上げに対する支援に始まったが、その後、貧困層に安全な貯蓄の場を提供する必要性が指摘され、主にアフリカ諸国を中心にMicroSaveプログラムにも取り組むようになった。
(6) 贈与ではなく（譲許的）融資を任務とする世界銀行がまずMFに注目する形で国

連システム内にMFに対する関心が広まっていったと考えられるが、世界銀行のイニシアティブとしては、何よりも1995年6月のCGAP（Consultative Group to Assist the Poorest）結成が重要である。ところで、SUMは、注(5)で既述のように、MF機関の立ち上げ支援に力を入れてきたのに対して、CGAPはどちらかと言えば、ある程度軌道に乗ったMF機関の財務的強化、さらには商業化に支援の重点を置いてきたと言える。一方、ILOは、もともと発展途上諸国の協同組合に関心を抱いてきたこと（1966年の第127号勧告など）も手伝って、MFの協同組合的性格に注目してきた。雇用部局内にSFU（Social Finance Unit）を設置し、その業務の一環として西アフリカ諸国のMF機関支援、南アフリカでのMSプログラムなどを手がけてきている。さらに、1999年末に革新的なMIスキームの研究を実施するなど、最近では、MI関連事業への展開が進められている。

(7) MFに対する関心の高まりと共に、MFに関しての文献は文字通り氾濫している状況があるが、これまでの研究動向を知る上で参考になる邦文献として、勝間靖「低所得者を対象とした金融機関の発展による零細企業育成と貧困緩和：アプローチをめぐる論点の整理」『国際協力研究』第14巻、第1号（1998年）、77～89頁、岡本真理子ほか(編)『マイクロファイナンス読本』（明石書店、1999年）、中村まり「バングラデシュにおけるマイクロクレジット政策の理念と現実」『アジア経済』第40巻、第9・10号（1999年）、134～164頁、粟野晴子・杉原ひろみ「ジンバブエにおける貧困層向け小口金融と支援のあり方―『貧困層貸付アプローチ』から『金融システムアプローチ』へ―」『国際協力研究』第16巻、第2号（2000年）、67～76頁などがある。また、英文献として、Joanna Ledgerwood, *Microfinance Handbook* (World Bank, 1998)、およびMwangi S.Kimenyi et al.(eds.), *Strategic Issues in Microfinance* (Ashgate, 1998)をあげておく。

(8) この節の記述は、前述の「貧困撲滅におけるマイクロクレジットの役割」の総会決議に基づいて第53回国連総会に提出された同タイトルの国連事務総長報告（A/53/223およびA/53/223/Add.1）に基づいている。

(9) 前掲国連事務総長報告（A/53/223）、p.4.

(10) 例えば、Joe Remenyi & Benjamin Quiñones Jr. (eds.), *Microfinance and Poverty Alleviation* (Pinter, 2000), ch.11, Rushidan I. Rahman, *Poverty Alleviation and Empowerment through Microfinance: Two Decades of Experience in Bangladesh* (Bangladesh Institute of Development Studies [BIDS], 2000), ch.2.

(11) ソーシャル・キャピタルの観点からMFを考察したものとしては、Michael J. Woolcock, "Learning from Failures in Microfinance", *American Journal of Economics and Sociology*, Vol.58, No.1 (1999), pp.17-42や、吉田秀美「マイクロファイナンスと社会

関係資本」『アジ研ワールド・トレンド』第67号（2001年）、20〜24頁が興味深い。
(12) Aminur Rahman, "Micro-credit Initiatives for Equitable and Sustainable Development: Who Pays?", *World Development*,Vol.27, No.1(1999), pp.67-82.なお、同じくバングラデシュにおける女性のエンパワーメントに対するMFの効果をめぐる議論を整理したものとして、Naila Kabeer, "Conflicts over Credit:Re-evaluating the Empowerment Potential of Loans to Women in Rural Bangladesh", *World Development*, Vol.29, No.1 (2001), pp.63-84が参考になる。
(13) David Hulme & Paul Mosley, *Finance against Poverty* (Routledge, 1996),Vol.1, ch.8.
(14) このような指摘については、例えば、Shahidur R. Khandker, *Fighting Poverty with Microcredit* (The University Press Limited, 1998),ch.8を参照。
(15) 周知のように、グラミーン銀行がターゲットとしているのは、土地の保有面積が0.5エーカー以下の人々だが、1980年にMCプログラムがスタートしたある村の354の加入世帯について、加入時点での土地保有面積と調査時点（1994-95年）でのそれを比較したMatinは、殆どの世帯について変化が見られなかったという結論を導き出している（Imran Matin, "Mis-Targeting by the Grameen Bank", *IDS-Bulletin*, Vol.29, No.4(1998), pp.52-53）。もっとも、所有ではなく、用益権取得という形での土地へのアクセスが高まって、土地なし層の生活状態が改善してきたという認識を踏まえて、グラミーン銀行は所有ではなく用益権取得に重点を置くようになっているとの指摘もある（岡本真理子ほか（編）、前掲書、55〜56頁）。
(16) 例えば、Jonathan Morduch, "The Microfinance Promise", *Journal of Economic Literature*, Vol.37, No.3 (1999), pp.1576-1577を参照。また、BancoSolを含むボリヴィアの5つのMF機関を調査したNavajasらによれば、MFが到達しているのは、多くが貧困線に近い「貧困層の中の最富裕層」であるという (Sergio Navajas et al., "Microcredit and the Poorest of the Poor: Theory and Evidence from Bolivia", *World Development*, Vol.28, No.2 (2000), pp.333-346)。なお、(最)貧困層への到達と制度的財務的自立という二つの目標は両立し難いとの従来の支配的認識に対して、それらは両立可能であることを明らかにしようとしたGibbonsらも、BancoSolとBRI-unitはより富裕な貧困層のみを対象としているので適当な事例ではないとし、フィリピンのCARDなどを二つの目標の両立可能性を示す具体的ケースとしてあげている (David S. Gibbons & Jennifer W. Meehan, "The Microcredit Summit's Challenge: Working Towards Institutional Financial Self-Sufficiency while Maintaining a Commitment to Serving the Poorest Families", *Journal of Microfinance*, Vol.1, No.1 (1999), http://spc.byu.edu/pages/microfinancevols/microfinancev1n1/summit.htmlよりダウンロード）。もっとも、CARDについて

は、最貧困層に届いていないとの調査結果もある（雨森孝悦「持続可能な貧困緩和プログラム」日本平和学会（編）『平和研究』第21号（早稲田大学出版部、1996年）、27〜35頁）。

(17) この点については、Saurabh Sinha & Imran Matin, "Informal Credit Transactions of Microcredit Borrowers in Rural Bangladesh", *IDS-Bulletin*, Vol.29, No.4 (1998), pp.66-80を参照。

(18) Imran Matin, op. cit., pp.53-56.

(19) Microcredit Summit Campaign Secretariat, *Empowering Women with Microcredit: 2000 Microcredit Summit Campaign Report* (http://www.microcreditsummit.org/campaigns/report00.html).

(20) David S. Gibbons & Jennifer W. Meehan, op. cit.

(21) 脱退・脱落者についての研究は非常に少ないが、バングラデシュについてはMd. Rezaul Karim & Mitsue Osada, "Dropping Out: An Emerging Factor in the Success of Microcredit-based Poverty Alleviation Programs", *The Developing Economies*, Vol. 36, No.3 (1998), pp.257-288やGraham A. Wright, *Microfinance Systems* (The University Press Limited, 2000), ch.2, Rushidan I.Rahman, op. cit., ch.4 が参考になる。また、Anton Simanowitz, "Client Exit Surveys", *Journal of Microfinance*, Vol.2, No.1 (2000), pp.112-137は、南アフリカでのMF顧客出口調査に基づいて脱退者を減らすための方策を考察していて、示唆に富む。なお、本書の第7章も参照されたい。

(22) *UNDP's 1996 Report on Human Development in Bangladesh*, Vol. 3, p. 73.

(23) バングラデシュのMF機関は、CDF（Credit and Development Forum）が定期的（年2回）に刊行している *CDF Statistics: Microfinance Statistics of NGOs and Other MFIs* によって統計的に捕捉されているが、例えば1999年末時点での統計情報をまとめたそのVol.9（2000年7月）は533の機関をカバーしている。しかしながら、筆者が、同フォーラムのMd. Akhter-uz-zaman氏にインタビューした際（2001年1月11日）には、この533は実際の半分程度でしかないという返事が返ってきた。

(24) *A Study on the Impacts of Microcredit on Borrowers of Partner Organizations (POs) of Palli Karma Sahayak Foundation (PKSF)* (World Bank/Dhaka Office,1999).追加的サービスとして要望が高かったのは、技能訓練（総回答761に対して265）、成人教育（同61）などであった。

(25) 例えば、Imran Matin, op. cit.

(26) MFのインパクト調査の従来の動向に対する以上のようなコメントについては、Osvaldo Feinstein et al.(eds.), *Evaluation and Poverty Reduction* (World Bank, 2000), ch.11 ("Evaluating Microfinance's Impact") を参照。

(27) この機能の意味については、Jonathan Morduch, "Income Smoothing and Consumption Smoothing", *Journal of Economic Perspectives*, Vol.9, No.3 (1995), pp.103-114を参照。なお、この機能が貧困層のリスク対応において極めて重要であり、貧困者の生活環境の安定化がこの機能を通じてもたらされれば、次の段階として前進的、生産的使途にMFを結びつけるという行動様式が出てくるという議論がある(Manfred Zeller, "The Safety Net Role of Microfinance for Income and Consumption Smoothing", in Nora Lustig(ed.), *Shielding the Poor: Social Protection in the Developing World* (Brookings Institution Press, 2001), ch.9を参照)。
(28) 例えば、岡本真理子ほか（編）、前掲書、第1章には、消費の具体例が示されている。
(29) 先駆的かつ代表的な例として、グラミーン銀行の住宅ローンがあげられよう。
(30) Saurabh Sinha & Imran Matin, op. cit.
(31) Osvaldo Feinstein et al.(eds),op.cit. は、顧客のレベルでの評価に関しての調査がなされない限り、このような通有の認識が支持され得ないとしている。
(32) この点については、さし当たり佐藤元彦「周辺部工業化過程におけるインフォーマル部門」広島大学平和科学研究センター『広島平和科学』、第12号（1989年）、105〜132頁を参照。
(33) インドネシアにおいては、インフォーマル部門こそが民衆の生活に不可欠な存在なので、インフォーマルという形容詞を用いてそれを認識することは不適切だとの議論が多く見られた（LSP, "People's Economy", *Grassroots*, No.4 (1987)）。
(34) このような動きが本格化するのは1970年末以降（例えば、1979年9月に小規模事業体の発展に関するドナー委員会（CDASED）が、世界銀行、先進諸国の援助機関の間で結成）と考えられるが、しかし、Steelの「中間部門(intermediate sector)」論に代表されるように、開発政策上、また援助戦略上重点が置かれていたのは、生産性が比較的高く、発展のポテンシャルがあると見なされた零細事業体だけであった。しかも、その際に外部からの支援として重視されたのは信用供与のみである（最小限アプローチの先駆）。このような動きについては、H. Lubell, *Informal Sector in the 1980s and 1990s* (OECD, 1991) や松永宣明『経済開発と企業発展』（勁草書房、1996年）、第3章が詳しいが、しかし、1980年代後半になると、CDASEDの中でも、かつては支援対象として重視されなかった零細事業体をも視野に入れていわゆる統合的アプローチによって対応すべきだとの認識が高まった（Jacob Levitsky (ed.), *Microenterprises in Developing Countries* (IT Publications,1989)）。
(35) この点については、例えば、岡本真理子ほか（編）、前掲書、第5章（伊東早苗「グラミン銀行と貧困緩和」）を参照。

(36) 岡本真理子ほか（編）、前掲書、第2章および第3章。
(37) 藤田幸一「農村開発におけるマイクロ・クレジットと小規模インフラ整備」佐藤寛（編）『バングラデシュと開発援助』（アジア経済研究所、1998年）、第10章、289〜290頁。
(38) このような議論については、Michael Lipton, *Successes in Anti-poverty* (ILO,1998)を参照。なお、Liptonは貧困者向けクレジットが成功する条件を、代替性の確保、間接的ターゲッティング（貧困者自身によるターゲッティング）、独占的貸付の回避、貸付に先立つ貯蓄の要求など13にまとめており、示唆に富む。
(39) 以上のグラミーン銀行のスタンスやYunusの見解については、ムハマド・ユヌス＆アラン・ジョリ（猪熊弘子・訳）『ムハマド・ユヌス自伝』（早川書房、1998年）を参照。
(40) このような検討を行っている作業としては、中村まり「マイクロファイナンスを通じた貧困層の市場への参加」愛知大学経済学会『経済論集』第155号（2001年）、115〜137頁が参考になる。
(41) 1994年4月からのMicroenterprise Initiativeの目玉としてスタートしたMIPは、零細企業家（特に女性と非常に貧しい人）に対して、金融、およびビジネス開発上のサービスへのアクセスを高めるための支援をすることを目的とし、零細事業のベスト事例の研究（MBP）、零細事業サービスのインパクト評価（AIMS）、実行に向けた援助プログラム（IGP）、ミッションへの技術援助（MicroServe）などから構成されている（http://www.mip.org）。
(42) Jonathan Morduch, op.cit. (1999), pp.1606-1609, UNDP, *Essentials,* No.3 (1999), pp.7-9, Stuart Rutherford, *The Poor and their Money* (Oxford University Press, 2000)などを参照。
(43) MF機関によるMIの取り組み状況については、*Report on the Proceedings of International Discussion Forum on Micro-Insurance* (Dhaka,29 Feb., 2000) (http://www.gdrc.org/icm/micro-insurance.html) を参照。
(44) この論点に関連して、会員の預金を基礎にした場合の方が、外部からの寄付や政府からの融資に依存した場合よりも、長期にわたって持続し、かつ多くの顧客を得ることができたというヨーロッパのMC機関の分析に基づいた指摘が興味深い（Aidan Hollis & Arthur Sweetman, "Microcredit: What Can we Learn from the Past?", *World Development,* Vol.26, No.10 (1998), pp.1875-1891)。

第7章

マイクロファイナンスの可能性と課題
―ドロップアウトの実態を踏まえて―

1. はじめに

　マイクロファイナンス（MF）の貧困緩和・解消スキームとしての可能性に関心が高まり、その組織的拡大、成功例のレプリケーションが世界的に強力に推進される一方で、貧困層への到達という点で課題が少なくないことが様々に指摘され、それとの関連で特にMF機関からのドロップアウトに注目が集まっている。

　もっとも、MFが貧困緩和・解消スキームであるとすれば、それにいつまでも加入し続けるということは貧困状況が改善されていないということを意味しよう。「卒業」という意味でのドロップアウトが増大しているとしたら、それはむしろ歓迎すべきことと言えるかも知れない。だが、ドロップアウト者の中に「脱落」した者が少なくないとしたら、貧困緩和・解消スキームとしてのMFの有効性は大きく問われることになる。

　本章では、MF機関からのドロップアウトに関する従来の調査・研究のサーベイを基礎に、MFの貧困緩和・解消スキームとしての可能性と限界を見極めたい。前章でも言及した通り、ドロップアウトを視野に収めたMFの調査・研究は非常に限られているが[1]、しかし、その量・質は、ドロップアウトが提起している問題を理解するには既に十分であると考えられる。むしろ、貧困緩和・解消スキームとしてのMFの有効性を正しく認識しようとすれば、そうした作業の急務性にこそ焦点が当てられるべきであろう。なお、管見の限り、"MFのメッカ"ということもあり、ドロップアウトに関する調査・研究についても、バングラデシュ

を対象にしたものが圧倒的に多いと言える。従って、ここでも、それらの検討を中心に行論を進めていきたい。

2. ドロップアウトの数量的把握

　MFと言えば、バングラデシュにおけるという限定をつけなくともすぐにグラミーン銀行やBRACをはじめとするバングラデシュの主要なNGOの名前があげられることが多いが、そのバングラデシュにおいて、既存のNGOがMF関係のプログラムを導入したり、あるいはMFを専門とする機関・組織が新たに結成されたりする動きが顕著になってくるのは、1990年代に入ってからのことである。周知のように、グラミーン銀行は1976年に実施されたアクションリサーチ・プロジェクトに始まり、また、BRAC（1972年創設）でも、後の農村開発プログラム（RDP）に吸収・統合されるRCTP（農村クレジット・訓練プログラム）が1979年に開始されている。また、BRACと同様にクレジットプラス・アプローチをとるPROSHIKAは、EIG（雇用・所得創出）プログラムに結びつける形で、1976年の創設当時からマイクロクレジット・サービスを始めている。

　とはいえ、図7-1にも示されているように、バングラデシュにおいてMFプログラムやMF機関が急増を見せるのは1990年代以降のことである。ちなみに、以上の三つと共に四大非政府MF機関の一つと称されることの多い1978年創設のASA（Association for Social Advancement）は、1991年にMFプログラムを導入している。一方、1990年には政府と非政府MF機関を仲介するPKSF（農村雇用支援財団）が政府の指示で創設され、また、1992年には、非政府MF機関のデータ・ベース作成と相互のネットワーク促進を主目的として、CDF（Credit & Development Forum）が設立されている。

　このように、主要なNGOによるMFプログラムの成果の蓄積をベースに、貧困緩和・解消スキームとしてのMFの組織的拡大（機関数の増大と各機関の会員数増大）が供給過剰を思わせるほどに進み、それを背景に、貧困緩和・解消の実現に向けた期待がかつてなく高まっていると言える。こうした期待は、さらに国

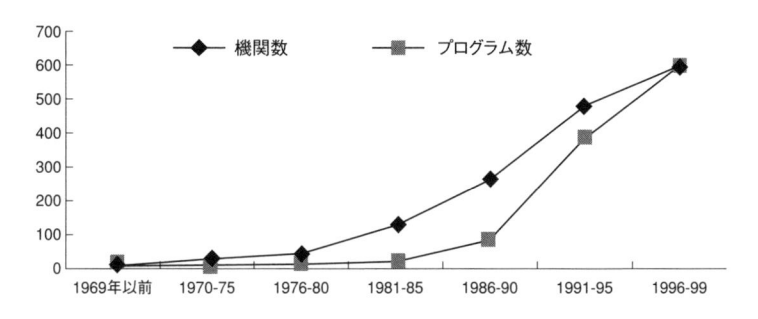

図7-1　バングラデシュにおけるMF関係機関・プログラム数の推移

出所）CDF, *CDF Statistics: Microfinance Statistics of NGOs and Other MFIs*, Vol. 9 (1999).

境を超え、MF機関の増殖が世界的潮流として定着しつつある。1990年代前半におけるCASHPOR[2]やMFN[3]の結成はそれを象徴する動きであるし、また、グラミーン銀行タイプのMF機関設立支援を目的として1989年に創設されたグラミーン・トラストのネットワーク（パートナー機関数やそれらの会員数）がいかに拡大してきているかを見ても、この点は明らかと言えよう。パートナー機関数とそれらの総会員数は1995年11月時点でそれぞれ35と9万2602であったが、マイクロクレジット世界サミットが開催された1997年以降に特に目覚しい伸びが示され、2001年3月時点では、パートナー機関数は93、総会員数については71万4371にまで膨れ上がっている[4]。

しかし、冒頭にもふれたように、その半面で少なからぬドロップアウト者が存在するという実態がある。その統計的捕捉は必ずしも十分には進められていないが、例えば、グラミーン銀行やBRACについては、表7-1a、1bにそれぞれまとめられたようなデータが既に知られている。グラミーン銀行が正規の銀行として業務を始めたのが1983年10月であること、また16の誓約が導入されたのが1984年であり、この年に女性会員数が男性会員数を初めて上回って"女性のエンパワーメント"の銀行というイメージが定着するようになったこと、などを考慮すると、1994年までという限られた期間についてであるが、本格的な業務を始めて以降のドロップアウトの状況を示していると言える点で非常に興味深い。他方、

表7-1a　グラミーン銀行の
　　　　ドロップアウト（DO）状況
(単位:人、%)

年	総会員数	DO者数 各年	DO者数 累計	DO者率 A	DO者率 B
1985	171,622		(7,948)		4.63
1986	234,343	8,077	16,025	3.45	6.84
1987	339,156	13,100	29,125	3.86	8.59
1988	490,363	18,006	47,131	3.67	9.61
1989	662,263	22,004	69,135	3.32	10.44
1990	869,538	37,948	107,083	4.36	12.31
1991	1,066,426	52,277	159,360	4.90	14.94
1992	1,424,395	61,163	220,523	4.29	15.48
1993	1,814,916	40,744	261,267	2.24	14.40
1994	2,013,130	92,942	354,209	4.62	17.59

表7-1b　BRACのドロップ
　　　　アウト（DO）状況
(単位:人、%)

年	総会員数	DO者数 各年	DO者率 A
1985	94,782	566	0.60
1986	125,203	947	0.76
1987	175,201	1,408	0.80
1988	239,546	1,630	0.68
1989	328,946	4,846	1.47
1990	423,531	6,916	1.63
1991	566,916	27,058	4.77
1992	649,274	102,814	15.84
1993	825,790	78,725	9.53
1994	1,036,254	65,412	6.31

注）DO者率のAは各年比率（%）、Bは累積比率（%）。
出所）Shahidur R. Khandker et al. (eds.), *Credit Programs for the Poor: Household and Intrahousehold Impacts and Program Sustainability* (BIDS, 1996), Vol. 1, p.199 および p.229 を修正の上作成（但し、カッコ内の数値は、Md. Rezaul Karim & Mitsue Osada, "Droppingg Out: An Emerging Factor in the Succes of Microcredit-based Poverty Alleviation Programs", *The Developing Economies*, Vol.36, No.3 (1998), Table I による）。

　BRACに関しては、既述のように1979年からクレジット・サービスを開始していることを考慮すると、1985〜94年についてだけしかデータが知られていないのは決して十分なこととは言えない。とはいえ、グラミーン銀行との比較を可能にしているという意味では有用なデータである。

　さて、グラミーン銀行の各年ドロップアウト者率（各年についてのドロップアウト者数／会員総数）は、多少の変動があるとはいえ、4%前後での推移が見られる。後でふれるBRACと比較した場合には、この数値は決して高いとは言えない。また、同じく後で言及するバングラデシュ以外でのMF機関について知られているドロップアウト者率と比べると、相当に低いとすら評価し得る。一方、バングラデシュ北部の同銀行Parila Paba支部（59センター、391グループ、会員数2305名）で入手したデータを基にドロップアウトの実態に迫ったKarim & Osadaの分析からも、これよりやや高めではあるが、ほぼ同水準（4〜5%）の各年ドロップアウト者率が導き出せる[5]。ちなみに、同分析は、1989年の当該支部創設

以来のドロップアウト者のデータを1995年まで追跡して興味深い論点を提起している。例えば、1995年までにドロップアウトした500名の女性会員のうち88.2％は加入後5年以内に脱退しているので、Khandker & Chowdhuryの議論（「貧困からの脱却」には加入してから5年かかり、「卒業」には7年が必要である）を基準にして考えると、グラミーン銀行は貧困解消には役立っていないと判断されるという。また、もともと会員に女性が占める割合が高いことが関わりがあるからとはいえ、ドロップアウト者率が男性よりも女性の方が大きいとの指摘も興味深い[6]。

なお、当該年までのドロップアウト者総数をその年の会員総数で除算した累積ドロップアウト者率については、次第に増える傾向があることが知られる（表7-1a）。この点は、Karim & Osada分析でも確認でき、1990年に2.41％であった累積ドロップアウト者率は、1994年には18.00％にまで増大している。もっとも、この18.00％や表7-1aでの17.59％（1994年）ですら、以下でふれる他のケースと比較して高すぎるとは判断し難い[7]。

他方、BRACに関しては、1990年代に入ってからの各年ドロップアウト者率の急増が注視される。1992年の高いドロップアウト者率は、一家族から加入できる者の数を一名に制限するという方針転換に伴って、多数の退会者が出たという特殊事情を背景にしているとされている[8]。とはいえ、その前々年から前年にかけての各年ドロップアウト者率の急増、グラミーン銀行と比較しても高い1993年以降の各年ドロップアウト者率は大いに注視されるところである。

バングラデシュ以外でのMFからのドロップアウトについてはデータが殆ど蓄積されていないのが現状であるが、そうした中にあってMicroSave-Africa（UNDPとイギリス政府DFIDの共同プログラム）が実施したアフリカ諸国での調査[9]によって明らかになったデータが注視される。例えば、タンザニア・PRIDE Africa[10]の最も古いアルシャ支部を対象にした調査では、1994年1月のスタート時から1999年4月までに累計で3325名がドロップアウトしたと報告されている。1999年4月時点での総会員数は4998名と公表されているので、累積ドロップアウト者率は66.53％ということになる[11]。一方、グラミーン銀行や

BRACなどと比較し得る各年ドロップアウト者率は分からないものの、加入した年度（4～3月）内（加入して1年以内）にドロップアウトした人々の数を当該年度末の会員数で除算した比率は、1995年度の8.8％を別にすれば、20％を超える高い値を記録している[12]。

また、同じくタンザニアのPTF[13]について、Kibaha地区のMwendapoleセンターで実施された40名の会員を対象にした調査結果からは、二度目のローンまでにドロップアウトした会員が13名出ており、累積ドロップアウト者率は32.5％となることが明らかにされている[14]。さらに、SEDA[15]に関しては、累積ドロップアウト者率が1995年8月～1998年6月の期間に15％であったものが、その後の1998年12月～1999年3月という短期間で9％に急上昇したことが報告されている。その背景としては、月単位から週単位への返済方法の変更、経済不振が考えられるという[16]。

他方、ウガンダのドロップアウト調査結果からは、同国の代表的なMF機関であるFINCAについても、またPRIDEに関しても、月平均のドロップアウト者率は5％前後であることが報告されている[17]。さらに、PRIDEに関しては1997年1月～1999年3月の期間について詳細なデータが示されており、それによれば、3カ月ごとの各期ドロップアウト者率はおおむね10％以上、高い場合には15％近くにまで及んでいるという[18]。

ところで、ドロップアウトと一口に言っても、そこには、既に述べたように、卒業者もいれば中退者もいる。また、中退者の中には、自ら進んで脱退する者もいればMF機関や他のメンバーによって（強制的に）脱退させられる者もいる。さらには、Wrightがアフリカでの調査で特に多く見られたと指摘しているような、一時的に「休止」する（rest）ケースも考えられる[19]。これらを一括して考察することにそもそも無理があるということを、改めて念頭に置くべきであろう。

従って、ドロップアウトの背景を分析することが、どうしても不可欠である。そこで、次節では、ドロップアウトの事由に関しての既存の調査・研究をサーベイしながら、ドロップアウトの実相に迫ってみたい。

3．ドロップアウトの事由・背景

　まず、BRACが、RDPの第1次インパクト評価の一環として実施したドロップアウト者に対する聞き取り調査の結果[20]を検討したい。1993年から1994年にかけて実施された同調査では、ドロップアウトの事由が8種類に区分された上、204名のドロップアウト者から得られた複数回答（全回答数220）の分布がまとめられている。それによれば、最も多いのが、「返済スケジュール等に関する規則の厳しさ」の28.2％で、これに、「貸付政策の変更」の20.5％、「誤った期待」の13.2％、「困難時に即応したサービスの不在」の11.4％が続いている。これらに比べれば回答数が多くないとはいえ、「メンバー同士の争い」（同8.6％）、集会に参加する時間がないなどの「グループ規則の不遵守」（同6.4％）、「社会的圧力」（同5.9％）も看過できないところである。さらに注視されるのは、相対的に貧困なドロップアウト者と富裕なドロップアウト者とでは、回答事由の分布に差異が見られるという点である。「返済スケジュール等に関する規則の厳しさ」については、貧困か富裕かの別に拘らず多く見られる事由となっているが、「誤った期待」、「困難時に即応したサービスの不在」、「メンバー同士の争い」、「社会的圧力」は、貧困なドロップアウト者の間での方がはるかに目立つ事由となっている。逆に、「貸付政策の変更」は、貧困なドロップアウト者にとっての主要な事由とはなっていない[21]。

　BRACは、さらに、第2次インパクト評価も実施している（1996～97年）[22]。そこでも、ドロップアウト者についての聞き取りがなされているが（サンプル数143）、それによれば、継続者（サンプル数1072）とドロップアウト者の間では、加入前の土地保有面積、調査時点での土地保有面積、従属人口比率、居住家屋の質（家屋の価値と家族一人当たりのフロア面積）、教育水準、食費水準、家族一人当たりのカロリー摂取量、土地以外の保有資産価値、貧困線以下家計比率の各面での違いは殆どないものの、家計主の職業上の地位、年間収入、貯蓄額の点では大きな差が見られるという。継続者家計主の52.2％が自営で、賃金労働（被雇用）者の占める割合は30.3％であるのに対して、ドロップアウト者家計の家計主

の場合は自営と賃金労働（被雇用）者がそれぞれ42.7％、40.6％となっている。どちらの場合も、自営の割合が上回っているとはいえ、ドロップアウト者のケースでは賃金労働（被雇用）者である割合が継続者と比較してかなり高くなっている点が注視される。一方、継続者家計とドロップアウト者家計の間には平均貯蓄額の点で2.75：1の、年間平均収入については2：1の格差がそれぞれ見られた[23]。

以上の平均像間の観察だけでは、ドロップアウトの実態が「卒業」の結果なのか、それとも非常に貧しいが故なのかは分からないが、ドロップアウト者の中では賃金労働（被雇用）者の割合が高くなっているという点は非常に興味深い（ドロップアウトの結果そのような就業上の地位になったのか、それともそのような就業上の地位にあることがドロップアウトの原因になったのかという両者の因果関係については不明であるが）。

他方、同じサンプルに関して、当該調査報告書はドロップアウト者間での経済的社会的地位の違いをも分析している（表7-2aを参照）。この分析において注目されるのは、ドロップアウト者の中での経済的社会的地位、とりわけ保有財産規模（正確にはその貨幣評価額）の違いがかなり大きいという点である。13.3％が5000タカ未満の財産しか保有していなかった一方で、10倍以上の5万タカを超える財産を有していたドロップアウト者が39.9％もいたという調査結果は、ドロップアウト者の中での「卒業」と「脱落」への分極化、あるいは貧困ではない者の加入を示唆しているという点で注視される。表7-2bは、保有財産が5000タカ未満であったドロップアウト者と5万タカ以上であったドロップアウト者とを、様々な経済社会指標に関して比較したものだが、改めてドロップアウト者層の不均質さが明確な形で浮き彫りにされていると言える。この点に関連して再度注視したいのは、就業形態の面での相違である。つまり、財産規模が小さなドロップアウト者の7割近くが被雇用者であった（自営は3割強）のに対して、財産規模が大きなドロップアウト者については、その半数以上が自営であり、被雇用者であった者は20％にも満たなかった。MFに関連して、しばしば「自分で雇用をつくり出す」ことの重要性が強調されてきた[24]が、以上の調査結果からも同様の指摘が可能なように思われる。

表7-2a BRACにおけるドロップアウト(DO)者と継続者の対比

(単位:％)

対 比 項 目	DO者[1]	継続者[2]
加入前土地保有面積(エーカー)	(100.0)	(100.0)
な　し	14.0	14.1
0.01〜0.5	62.9	68.3
0.51〜1	11.2	9.7
1以上	11.9	7.9
調査時の土地保有面積(エーカー)	(100.0)	(100.0)
な　し	8.4	10.3
0.01〜0.5	70.0	69.5
0.51〜1	9.6	10.6
1以上	11.9	9.6
家計状況の自己評価	(100.0)	(100.0)
常に赤字	15.4	3.9
時々赤字	34.3	30.1
ほぼバランス	40.6	39.8
黒　字	9.8	26.2
家計主の職業	(100.0)	(100.0)
賃金労働	40.6	30.3
自　営	42.7	52.1
サービス	5.6	5.9
その他	11.2	11.7
所有財産規模(タカ)	(100.0)	(100.0)
＜5,000	13.3	11.3
5,000〜20,000	23.1	24.7
20,001〜50,000	23.8	27.3
＞50,000	39.9	36.7

注) 1) 143名についての分布、2) 1,072名の分布。
出所) A. M. Muazzam Husain, *Poverty Alleviation and Empowerment* (BRAC, 1998), Table F7に基づいて作成。

ところで、同じBRAC調査では、ドロップアウトの事由についてのアンケートも実施されている。自発的にドロップアウトしたと回答した者が84.6％であったのに対して、残りの15.4％はBRACによって追放されたとしている。さらに、事由を細かく区分して実施された調査の結果からは、7割近くの多数が収入向上活動に失敗してドロップアウトしたと回答している点が明らかである(表7-3を参照)。既に確認したように、ドロップアウト者の中には相対的に貧困ではない者

表7-2b　BRACにおけるドロップアウト者間比較

比　較　項　目	富裕者[3]	貧困者[4]
家族規模（人）	5.4	3.8
従属人口比率（%）	35	43
所得稼得者比率（%）	30.4	43.9
女性所得稼得者比率（%）	6.2	19.3
加入前土地保有面積（エーカー）	0.76	0.05
調査時土地保有面積（エーカー）	0.79	0.05
住居家屋価額（タカ）	12,961	989
BRACからの借入総額（タカ）	6,656	5,842
訓練を受けた者の比率（%）	22.8	15.8
一人当たり食費（月、タカ）	801	602
食費比率（%）	64.4	73.5
一人当たりカロリー摂取量（日、kcal）	2,590	2,340
総貯蓄額（タカ）	741	100
土地以外の保有財産価額（タカ）	28,960	1,860
自営業者比率（%）	52.6	31.6
賃労働者比率（%）	19.3	68.4

注）3）保有財産価額が50,000タカ以上の57名についての平均。
　　4）保有財産価額が5,000タカ未満の19名の平均。
出所）表7-2aと同一のTable F8に基づいて作成。

が含まれているので、収入向上活動の失敗がかなり深刻な影響をドロップアウト者（家計）にもたらしているとばかりは言いきれない面があるが、仮に貧困なドロップアウト者が収入向上活動に失敗したということになれば、そうした事態を回避できるようにする指導・訓練のプログラムがクレジット供与を補完するといった仕組みを考え出す必要があろう（クレジットプラス・アプローチを採用していると評価されることの多いBRAC自体がこの課題に取り組むのか、あるいは別組織によるこの種のプログラムとの連携を深めていくのかはともかくとして）。

他方で、BRACは、同じ調査の一環として、グループ討論や個別インタビューを実施している。表7-3でのまとめには出てこないながらも、グループ討論を通じて明らかにされた事由として注視されるのは、グラミーン銀行をはじめとする他のMF機関への移籍、ならびに、複数のMF機関からの借り入れを余儀なくされるほどの困窮である[25]。これらからは、MFに関連したサービスが供給過剰に

表7-3　各調査に見るドロップアウト(DO)の理由

出所と調査対象	調査結果	(%)
① Husain (ed.) 1998 (BRACのDO者143名)	スタッフによる貯蓄の差押え(返済期限が過ぎたローンの埋め合わせ)	18.9
	収入向上活動の失敗による返済不能	69.2
	ローン供与が必要な時期に間に合わず、かつ規模も不十分	6.3
	義父による隔離(プルダ)習慣からくる制約	0.7
	フィールドスタッフの誤行動	2.1
	メンバー間の誤解	0.7
	不　明(回答せず)	2.1
	(計 100.0)	
② Karim & Osada 1998 (グラミーン銀行・Parila Paba支部の女性のDO者500名)	自発的	62.0
	家族問題	16.4
	夫の不同意	4.6
	結　婚	2.8
	移　住	4.2
	訓練放棄(による追放)	6.6
	死　亡	2.6
	その他	0.8
	(計 100.0)	
③ Rahman 2000 ［Alamgir 1997］	週ごとの返済不能	25.2
	週ごとの定期的預金の不能	16.8
	定期的なグループ・ミーティングへの出席不能	22.4
	居住地の移動	22.4
	親類からの反対	13.1
	(計 100.0)	

出所）①および②については、本文および関連の注を参照。
　　　③Rushidan I. Rahman, *Poverty Alleviation and Empowerment through Microfinance* (BIDS, 2000)

なっているのではないか、といった点も示唆される。一方、5名のドロップアウト者に対する個別インタビューの結果において注目される事由は、主たる所得稼得者の不在もしくは喪失、ならびに定期的ミーティングの欠席である[26]。前者については、主たる家計維持者が病気になり、看護のために必要な費用をマイクロクレジットによって調達したが、結果的には死亡してしまった故に、借入金の返済がままならなくなってしまうようなケースにとりわけ留意が必要となろう。近年制度設計が試みられるようになっているマイクロインシュアランス（MI）は、

こうしたケースにこそ適用が考えられるべきであろう。また、後者に関しては、収入向上活動に時間がとられすぎていて時間的に余裕がないが故にミーティングに出られないケースに、特に配慮が必要だと言える。グループ・ミーティングに定期的に出席可能ということ自体が、余裕があるということを示唆している点に、改めて留意する必要があろう。

表7-3には、他に前節でふれたKarim & Osadaによる調査とバングラデシュにおけるMFのインパクト調査をサーベイしたRahman論文の中で紹介されているAlamgirの調査結果を併載した。Karim & Osada調査では、上のBRAC調査ほどではないにせよ、高い割合で自発的ドロップアウト者が出ている実態が注視される。一方、Alamgir調査からは、返済と預金が続かないという事由が4割以上を占めている点、定期的ミーティングへの出席が負担となっている点、さらには、居住地の移動もドロップアウトの背景として看過できない点などが明らかである。この最後の点は、そもそも従来のMF機関には定住者（住民登録者）でなければ加入が認められないできたことを改めて喚起する問題点と言える。だが、非定住性が貧困の一側面であるとするならば、移住の故のドロップアウト者に対してどのようなMFやそれ以外のサービスとその供給システムが適合的なのかが改めて考えられなくてはならない。

次に検討したいのは、ASAが1995年に173ユニットを対象に行ったインタビュー調査（当時のユニット総数は307）の結果である[27]。同調査では、ドロップアウトの要因が内在的なものと外在的なもの、そして両者が複合したものとに区分されて分析されているが、内在的な要因とは、組織や運営のあり方等ASA自体に直接的に関わるものである。他方、外在的なものとは、会員自身やその家族、さらには（地域）社会・文化に関係した要因である。また、両者が複合したものとしては、他の機関・組織によるサービスの存在などが考えられ、内在的とも外在的ともすっきり区分しきれない要因があげられている。図7-2aは、その結果をまとめたものだが、202名の回答者が脱退に際してそれぞれの要因がはたらいたと認識しているかどうかが示されている。例えば、12にまとめられている内在的要因の中では、「クレジットの上限と供与回数」（に不満がある）が74.75％

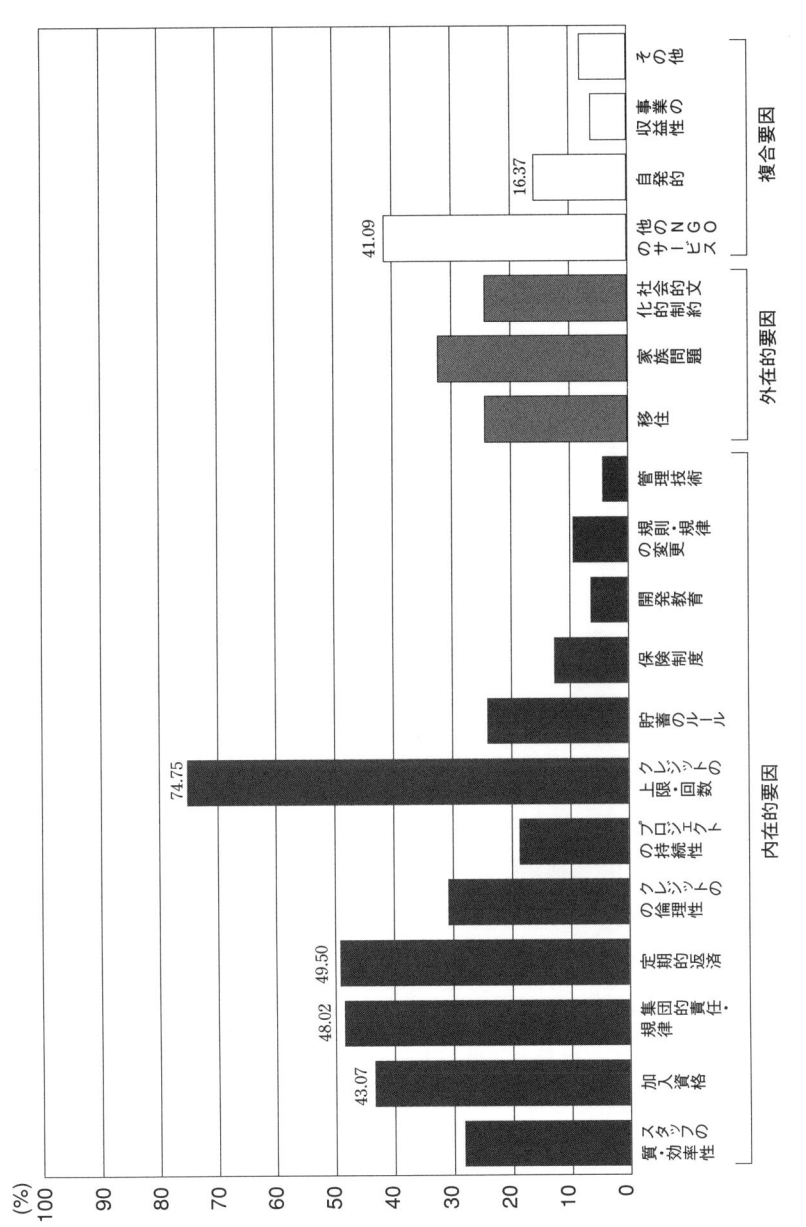

図7-2a　ASAからのドロップアウト（DO）の事由（総括）
出所）ASA, *Dropout in Micro-Credit Operation* (ASA, 1996)

内在的要因：スタッフの質・効率性、加入資格(43.07)、規律・集団的責任(48.02)、定期的返済(49.50)、クレジットの倫理性、クレジットの持続性、クレジットの上限・回数(74.75)、貯蓄のルール、保険制度、開発教育、規則・規律の変要、管理技術

外在的要因：移住、家族問題、社会的文化的制約

複合要因：他のNGOサービス(41.09)、自発的(16.37)、事業の収益性、その他

と最も高い数値を示しているが、それは202名の回答者中、これが一因で退会した人が151名もいたということである。内在的要因に関しては、これに続いて「定期的返済」（が困難である）、「集団的責任・規律」（についていけない）、「加入資格」（が厳しすぎた）などが目立った回答になっている。

一方、外在的要因については3つにまとめられているが、それらのいずれについてもドロップアウトの要因として認識する回答者の比率は、いまふれた4つの内在的要因よりもかなり低くなっている。他方、4つにまとめられた複合要因に関しても、先の内在的要因に比して低い比率が示されているが、そのような中で「他のNGOのサービス」（がある）が40％を超えている点は注視される。同じく複合要因としてあげられている「自発的」理由と回答したドロップアウト者が16.37％であることを考えると、ASA以外のMF機関による同種のMFサービスの方が魅力的なために脱退するケースが少なくないと言える一方で[28]、さらに、「卒業」でも「脱落」でもなく家計への好都合さという理由で脱退する者がいるという実態、あるいは、家計レベルでは複数の機関のメンバーになっていて複数のクレジット・サービスを受けているケースがあるという実態も否定できないように見受けられる[29]。

ところで、同じASA調査では、MCプログラムがスタートしてからの期間の長さ（2年未満、2〜3年、4〜5年の三区分）によって、また地域（ダッカ、チッタゴン、ラジシャヒの三地域）によって、ドロップアウトの要因に違いが見られるかどうかも分析されている。まず、期間の長さによる違いに関しては、期間の長さによって調査対象ユニットを区分し直し、それぞれの区分に属する回答者のうちで何パーセントが当該項目をドロップアウトの原因であると考えているかが計算された[30]。図7-2bにはその結果がまとめられているが、先に見た図7-2aとの比較において注視されるのは、期間の長さに拘らず「クレジットの上限と供与回数」（に不満がある）が圧倒的に大きな比率で第1位となっているが、期間が2〜3年の場合についてその比率がとりわけ高くなっていること、「他のNGOのサービス」（がある）が、2年未満と4〜5年の場合に比して、2〜3年の場合にはそれほど大きな比率とはなっていないこと、「集団的責任・規律」（がきつ

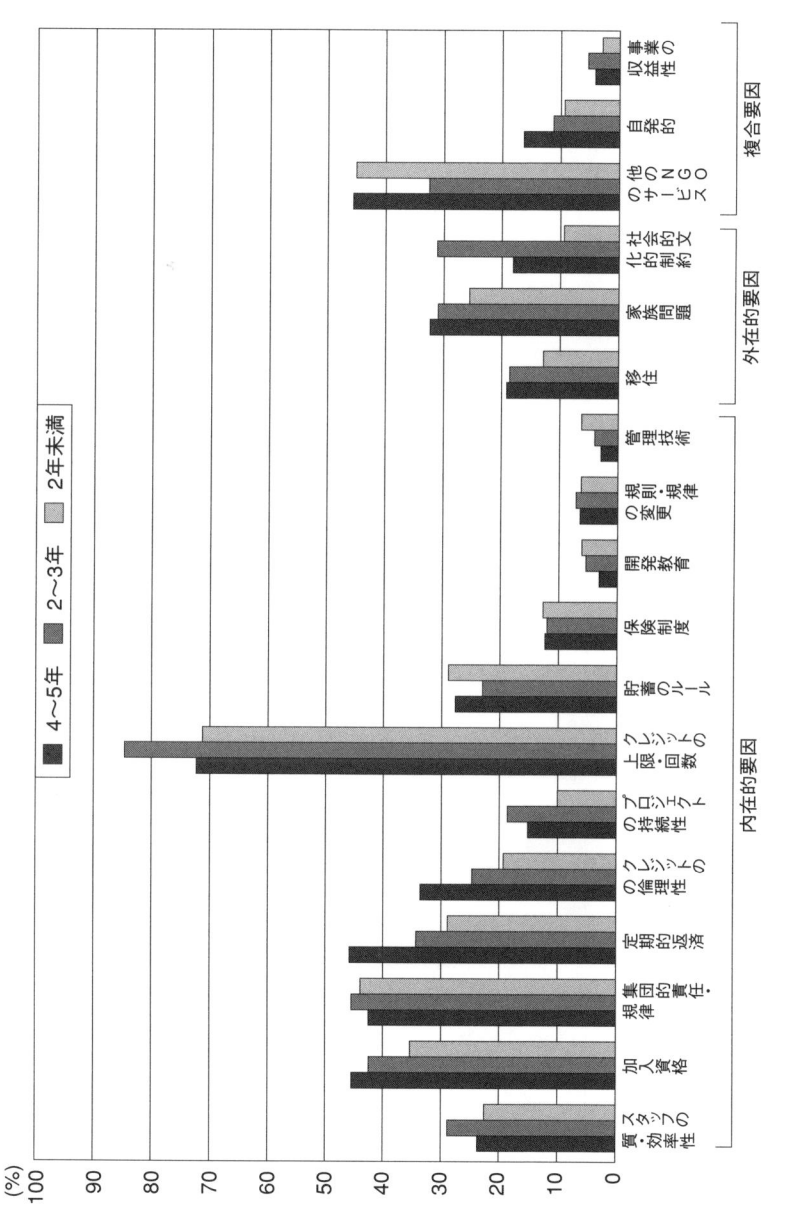

図7-2b　ASAからのドロップアウト（DO）の事由（年数別）

出所）図7-2aと同じ。

図7-2c　ASAからのドロップアウト（DO）の事由（地域別）

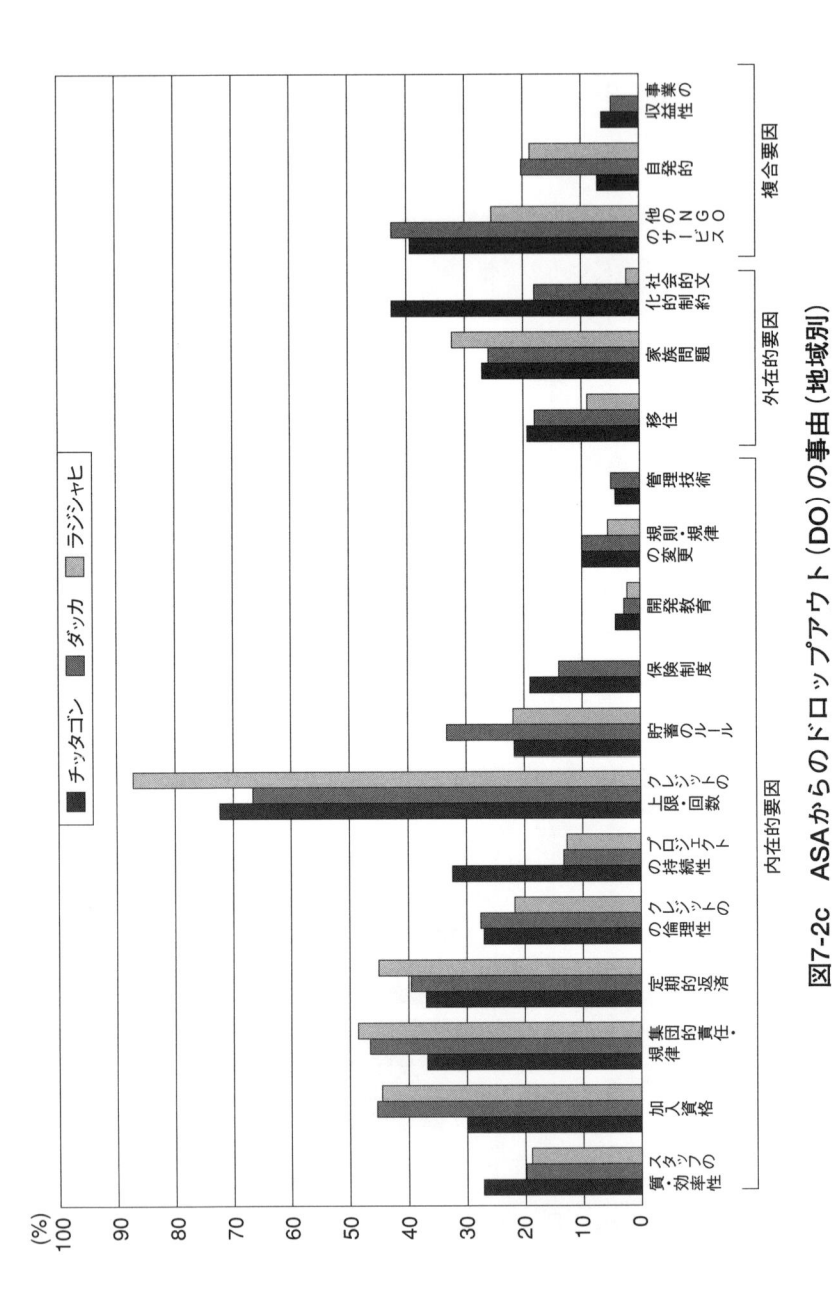

出所）図7-2aと同じ。

い）は期間の長さの違いに関係なく比較的大きなドロップアウトの要因となっている一方、「定期的返済」（が困難である）や「クレジットの倫理性」（に疑問がある）は、期間が長くなるにつれて大きな要因となっていること、「社会的文化的制約」（がある）については、2年未満の場合には小さな比率でしかなかったものが、2年以上の場合にはその2～3倍の比率が記録されていること、などである。

同様に、地域による違いに関しても、地域ごとに回答者を区分し直し、各地域に属する回答者のうちの何パーセントがそれぞれの項目をドロップアウトの要因であると回答したのかがまとめられている（図7-2cを参照）[31]。上と同じように図7-2aと比較した場合に興味がもたれるのは、「クレジットの上限と供与回数」（に不満がある）がここでも地域に関わりなくドロップアウトの大きな要因となっているが、ラジシャヒではドロップアウト者の実に90％近くが要因としてあげていること、「他のNGOのサービス」（がある）がチッタゴンやダッカでは比較的大きな比率となっているのに対して、ラジシャヒではそれほど大きくなっていないこと、「社会的文化的制約」（がある）ことが、チッタゴンでは非常に大きな要因と考えられていること、の諸点である。

以上のASA調査と同様の形でドロップアウトの背景を調査したものとしては、Wrightがその著書の中で紹介しているBRACについてのものが知られている。それによれば、ドロップアウトには自発的なケースと追放されるケースとがあるが、前者に関わる事由としては「グループ貸付金の不再交付」、「非常時における貯蓄引出しの不可」、「他のNGOによるよりよいサービス」、「返済不能」、「家族問題」が重要で、ドロップアウト者の中でそれぞれの事由がドロップアウトの一因であると回答した者の比率（％）は、これらの事由の順番に68.0、57.3、49.8、36.6、29.3であったという。一方、追放されたケースの事由としては「返済不能」と「グループ・ミーティングの欠席」が目立っており、ドロップアウトの一因であると回答したドロップアウト者のパーセンテージは、それぞれ59.6、27.3であったと報告されている[32]。「返済不能」というある意味では常識的な事由を別とすれば、最も比率が高かった「グループ貸付金の不再交付」は先に紹介したASA

調査での「クレジットの上限と供与回数」(に不満がある) に通じるものと考えられるし、また、ASA調査結果と同じように、他のNGOによるサービスの存在がドロップアウトのかなり重要な事由になっている点も注視される。

以上は、いずれもバングラデシュに関するものであるが[33]、前節でふれたMicroSave-Africaによるアフリカ諸国での調査は、事由の構成の詳細については明らかにしていないものの、どのような事由があげられているかについては言及しているので、参考までにその内容を検討しておきたい。

まず、タンザニアのPRIDE Africaアルシャ支部での3325名のドロップアウトについては、1547名 (46.5％) が自発的理由、1769名 (53.2％) が強制的理由、残りの9名が死亡によるものであることが明らかにされている。自発的、強制的の具体的内容については明らかにされていないものの、調査した他のMF機関を含めてタンザニアでのドロップアウトに指摘できる事由として、①サービスの種類の少なさとそのフレキシビリティ欠如、②返済不能、そして③MF機関・サービス間の競争、があげられている[34]。①は要するに、加入者のニーズに対応してサービスの種類や供与方法が考えられていないという問題である。手続きに時間がかかるなど必要時にすぐに利用可能ではない、貸付金額に上限がある、返済猶予期間がなく返済スケジュールが厳しい、貯蓄 (が義務化されているのはよいとしてもそ) の引出しが制限されていたり、貯蓄に利子がつかない、等々が具体的な内容としてあげられている。これに対して、②は顧客の側の問題に関わった事由と言える。とりわけ注視されるのは、クレジットが学費や医療費、家屋の修繕費といった非生産的用途に利用される一方、所得向上活動が不振に陥るというケース、主たる家計維持者の病気や死を背景にしたケースである。他方、③は、バングラデシュでの諸調査でも示唆された複数加入やオーバーラップという実態がタンザニアでも見られることを示していると言えよう。

ところで、以上に関連して注視されるのは、所得稼得活動の季節性を背景にした②に関わる問題である。この問題は、バングラデシュでの諸調査では少なくとも重要な問題としては指摘されていなかったが、タンザニアでは、兼業農家が農閑期の非農業活動のためにマイクロクレジットを必要としながらも、農繁期には

農作業に専念しがちなため、一時的にドロップアウトする（別の角度からは「休止している」とも言える）ケースが多いというのである[35]。

　この「休止」を含め、ドロップアウトを取り巻く以上と同様の状況がウガンダについても指摘されている。前節で取り上げたMicroSave-Africaによるウガンダでのドロップアウトに関する調査では、ドロップアウト者間には経済的社会的地位に関して小さからぬ格差が存在しているとした上で、比較的余裕のある者、それほど貧しくない者、貧しい者の三区分に従ってドロップアウトの背景が考察されている[36]。比較的余裕のあるドロップアウト者の間で目立つ認識としては、定期的ミーティングが時間の無駄になっている、貯蓄の引出しに制約がある、一回の借入額の上限が低い、などがあげられている。これに対して、それほど貧しくない者にとっては、週ごとの返済額の規模が大きい、季節による収入の変動に対応した（「休止」に適合的な）借り入れ・返済の仕組みがない、などがドロップアウトの主たる事由になっていると報告されている。他方、貧しい者の間では、何よりも返済不能に陥ることがドロップアウトの最大の原因とされている。その際、特に病気や死亡に伴う返済不能の問題が最も深刻だというのは、バングラデシュでの諸調査における指摘と同様である。最後に、複数のMF機関への同時加入という実態はウガンダでも見られるとし、その背景には、複数のローンの結合によって大きな規模の投資を行うことが可能になる点、大きな投資を一件ではなく複数件の借り入れで調達する方がリスク分散等の意味で安全である点、などが考慮されているからだとの分析がなされている。このことは、バングラデシュでの諸調査において示唆されたような（借り入れ資金の相互融通・移替などによる）家計にとっての都合のよさを背景にしたものとは異なった実態を示していて興味深い[37]。

　ところで、ウガンダについては、バングラデシュとの比較においてMFからのドロップアウトの事由を聞き取り調査に基づいて分析した興味深い試み[38]があるので、最後にその概要を紹介して本節をしめくくりたい。当該調査の対象となっているのは、ウガンダのUWFT（ウガンダ女性金融トラスト）とバングラデシュのシャクティ財団である。どちらも、都市部を中心に活動しているという点で

以上でふれた諸組織／プログラムとは違うが、その点はさておき、ドロップアウトの事由という点で両者にどのような違いがあるのかをまとめれば、まず、回答に占める外在的要因と内在的要因の構成に関しては、UWFTの場合は、前者が3割弱で、残りが後者という構成になっているのに対して、シャクティ財団については前者が51％を占め、49％が内在的要因となっている。ここで、外在的要因とは、ビジネスチャンスの少なさ、移住等の形での移動、病気などを指しているが、これらの要因別の構成が示されてはいないので、さらなる詳細は不明である。他方、内在的要因とは、先のASAのケースと同様にMFプログラムそのものに根差した、グループや貸付方法等に関連した要因である。それら要因の構成については、外在的要因と同様に不明であるが、どのような内在的要因に不満があることがドロップアウトにつながったのかについては、情報が提供されている。複数回答可の聞き取りを受けたドロップアウト者が事由であると回答したもののうちの上位5つを列記すれば、UWFTの場合は、「貸付期間が短すぎる」、「自発的貯蓄の金利が低い」、「貸付利子率が高すぎる」、「強制的貯蓄の条件が厳しすぎる」、そして「（グループではなく）個人ベースの貸付を希望する」であった。他方、シャクティ財団については、「貸付金額が少なすぎる」、「ミーティングが多すぎる」、「ミーティング時間が長すぎる」、「グループ内に出た返済不能者の返済の肩代わりができない」、「貸付利子率が高すぎる」が上位の5つを占めている。両者のMFプログラムに差異があるために[39]、これらの回答を単純には比較できないものの、貸付利子率の高さが共通している点を別とすれば、UWFTでは貯蓄条件に対する不平が、シャクティ財団に関してはミーティングやグループへの不満がそれぞれ目立っているということができよう。もっとも、個人ベースでの貸付への希望をミーティングやグループへの不満を背景にしていると読むことができれば、両者の違いはそれほど大きくないとも言えるが。

4．ドロップアウトが提起している諸問題

既存の諸調査に基づくドロップアウトの背景・事由に関する前節での考察から

示唆されるのは、ドロップアウトはMFプログラムの需給のミスマッチを背景にしているので、その実態は、プログラムや地域によって違う可能性が高いということ、従って、一定のモデルを念頭に置いた一律的な「上から」のMFプログラム／機関の立ち上げや強化は、むしろドロップアウトを増大させる可能性があること、であろう。それ故、MFに対する需要調査は不可欠といえ、その結果に基づいたMFプログラム／機関の改変が具体的事例に即して考えられていく必要がある。とはいえ、ここでは、この作業を行う余裕はない。むしろ、貧困緩和・解消スキームとしてのMFの可能性という本章のテーマに関連した一般的論点を以上の考察を基礎にとりまとめ、今後の調査・研究につなげたい。

まず第一に、ドロップアウト者の経済的社会的地位も、従ってまたドロップアウトの事由も実に多様であり、マイクロクレジットを得て進められた収入向上活動の不振等を背景にした自発的・強制的ドロップアウトが決して主ではないことがあげられよう。これまでの考察から少なくとも想定しなくてはならないのは、相対的富裕者がサービスの内容やその供与方法に不満があって「中退」するケース（A）、相対的貧困者がマイクロクレジットを得て収入向上活動に成功を収め「卒業」するケース（B）、相対的貧困者が所得向上活動に失敗して「脱落」するケース（C）、一時的に「休止」するケース（D）という4つのケースである。

Aケースは、（貧困者を対象とした筈のMF機関に非貧困者が少なからず加入しているという）いわゆる遺漏の問題に関わっていると言えるが、しかし、前章でも指摘したように、MF機関の加入者が貧困者だけで占められるべきであるのかどうかという問題は即断を許さない。遺漏以上に関心を向けるべきは、Bケースが実態としてどの程度あるのかという点、さらには、Cケースを少なくしていくためにはどのような手だてを考えなくてはならないのかという点、であろう。残念ながら、前者の点を明確にできるデータは殆ど見当たらない。「卒業」の実態が少ない点を示唆したKarim & Osadaでなされたように、継続加入年数を一つの目安としてこの問題にアプローチすることは可能ではあるが、しかし、決して十分とは言えない。他方、後者の点については、収入向上を目的とした事業自体やその財務管理に必要な知識・技能の教育・訓練等による補完に加えて、病気・

死亡などの非日常的事由に対する手だてが考えられる必要がある。

なお、Dケースは、Aケースと共に、加入・利用者のニーズに合致したサービス内容・供与方法を整えていくことが必要だということ、換言すれば、一定のモデルをに沿ったシングル・スタンダードに基づくMFの整備には問題が多いという点を示唆するものであることを確認しておきたい。今後のMFにとっては、いかに多様な需要に応え得るスキームをつくり上げていくのかが非常に重要な課題となっている。

第二にあげたいのは、他のMF機関のサービスに魅力を感じていわば移籍という形のドロップアウトをするという実態、さらには、複数のMF機関に同時加入するという状況が少なからず見受けられるという点である。既に度々指摘したように、このような実態は、MF関連サービスが供給過剰状態にあることを示唆していると言えるが、そうした面が実際にあるとすれば、そのような状況の下で貧困者の生活がどのようになっているのかについて明らかにしていく必要があろう。確かに、MicroSave-Africaのウガンダ調査報告で指摘されたようなより規模の大きな投資を可能にするという観点からの複数加入への需要は否定できない。1999年にBRACによって実施された複数同時加入者に関する調査でも、そうした需要があることが明らかにされている。しかしながら、他方では、既にバングラデシュについて報告されているような借金苦を背景にした移籍、複数同時加入という実態が、同じBRACによる調査でも明らかになっており[40]、そうしたケースに対する手だてを考えておく必要がある。

第三に、とはいうものの、本当に供給過剰なのだろうかという点を同時に再検討する必要もあろう。この点に関わって留意しておきたいのは、他方で、MF機関・プログラムから最初から排除されている、あるいは一向にアクセスできない貧困層が存在しているのではないか、という点である。MFプログラム／機関の貧困層への到達度をいかに高めるのかという点をめぐっては、従来も頻繁に議論されてきたが、しかし、そもそもMFは貧困者のニーズに届く仕組みなのかどうかという根本問題は軽視されてきた感を否めない。連帯責任を負うためのグループ形成において貧困者間で相互に牽制、さらには排除する動きが見られるという

報告はこれまでもしばしばなされてきたが、他方で、ドロップアウト調査からも明らかにされたのは、非定住者、病人、季節労働者などといった人々にとっては、MFはそもそもアクセスが非常に難しい仕組みであるという点である。さらに、定期的ミーティングに出席することですら負担であるような貧困者が存在するという実態も看過できない。

5. おわりに

　言うまでもなく、ドロップアウトという現象は、MFが会員制機関であるということに深く関わっている。会員になり継続するということ自体に意味を見出す考え方からすれば、ドロップアウトは看過できない問題である。だが、MFにそもそも期待されていたのは金融仲介機能である。金融サービスにアクセスができないが故に貧困からの脱出が困難であった人々に対して、在来の制度金融やインフォーマル金融とは異なった形で金融サービスの供与を行うというのが、そもそもの出発点であったと言える。会員制度は、グループ形成による連帯責任という形での担保の必要性から導入されたと言ってよく、また、そうした社会的紐帯が一種のソーシャル・キャピタルとして機能し、脱貧困を一層促進する可能性も否定できない。とはいえ、会員制度自体が、金融仲介機能を実現するシステムにとって馴染まない可能性があるのではないか、といった問題をも受け止める必要があろう。時間という次元でも、金額という点でも利用者のニーズに応えようとすればするほど、会員制機関からより市場補完的な文字通りの金融機関への転換は避けられないと思われる。だが、そのような転換が進められた時に、他方で考えられなくてはならないのは、そこから排除された人々の脱貧困をどのようなスキームの下で進めていくのかという問題であろう。MF以外にいかなるスキームがあるのか、MFへの関心が高まれば高まるほど、実はこの問題の検討が重要になってこよう。

　最後に、今後のMFインパクト調査のあり方について問題提起を行って本章をしめくくりたい。これまでのインパクト調査は、殆どがある特定のプログラム／

機関への加入による効果を非加入者や他のプログラム／機関加入者との比較を念頭に置いて明らかにしようとしたため、ある特定の家計や地域の中で様々なMFプログラム／機関による資金等の流れがどのようになっていて、その家計や地域にどのような効果がもたらされているのかは明確にされなかった。この点を明らかにするためには、特定の家計や地域をベースにした定点観測が不可欠と考えられる。

【注】
(1) 前章の注(21)を参照。
(2) CASHPOR（(The Network for) Credit and Savings for the Hardcore Poor in Asia-Pacific）は、アジア太平洋地域のMF機関相互のネットワークを緊密化し、地域的なMFに向けた活動を活発化する目的で1991年8月に結成された。グラミーン銀行自体が当初メンバーであった他、当該地域の主要なMF機関が加わっている。
(3) MFN（Micro-Finance Network）は、1993年4月に結成されたMF機関の文字通りのネットワークで、現在25の機関から構成されている。
(4) グラミーン・トラストに関する以上の数値は、いずれも *Grameen Dialogue*, Nos. 25, 46 による。
(5) Md. Rezaul Karim & Mitsue Osada, "Dropping Out: An Emerging Factor in the Success of Microcredit-based Poverty Alleviation Programs", *The Developing Economies*, Vol. 36, No. 3 (1998), Table II に基づく計算による。
(6) Ibid., pp.274-276. ちなみに、Khandker & Chowdhuryの「貧困からの脱却」とは貧困線以下の所得・消費水準からの脱出を、また「卒業」はメンバーであり続けるかどうかに拘らずローンの借り入れをしなくなる状態をそれぞれ意味している。
(7) ちなみに、インド・チェンナイのWWF（Working Women's Forum）のマイクロクレジット・プログラムを1980-85年の期間について調査したNoponenは、その5年間での実質的離脱者（会員ではあるが当該プログラムを全く利用しなくなっている者）率を約45％と計算している（Helzi Noponen, "Loans to the Working Poor: A Longitudinal Study of Credit, Gender and Household Economy", *International Journal of Urban and Regional Research*, Vol.16, No.2 (1992), pp. 234-251）。
(8) これに対して、Wrightは、そうした方針転換を直接的な理由としてドロップアウトした人々はそれほど多くないとし、もっと根本的な原因があったと述べている（Graham A. N. Wright, *Microfinance Systems* (The University Press Limited, 2000), p.45）。
(9) この概要については、David Hulme, "Clients Exits (Drop-outs) from East African Microfinance Institutions" in MicroSave-Africa, *Savings in Africa: A Collection of Studies from MicroSave-Africa* (2nd ed.), pp.10-12 を参照。
(10) PRIDE Africaは、零細・小規模事業主を主なターゲットとするMF機関で、ケニアの同名の機関をモデルにして1993年に設立され、翌94年に業務を開始した。1999年4月時点での会員数は2万8750名。なお、本文で後に出てくるウガンダのPRIDEも同じネットワークに属している。

(11) Florence Maximambali et al., *Client Exits (Dropouts) amongst Tanzanian Micro-Finance Institutions* (MicroSave-Africa, 1999), Table 6.
(12) 具体的には、1994年度：24.4％、1996年度：22.9％、1997年度：29.2％、1998年度：32.1％である（Ibid.,Table D9）。
(13) PTFは、グラミーン銀行をモデルにして1988年に創立されたNGOで、1999年時点での会員数は約4700名。農村／都市の別に拘らず、既に零細事業を始めている貧困な女性や若者を対象にしてMFサービスを行っている。
(14) Florence Maximambali et al., op. cit., Table 7.
(15) SEDAは、バングラデシュのPROSHIKAに類似したSHG（Self-Help Group）に基づくコミュニティ銀行型のMF機関で、1995年に業務を開始した。1999年3月時点での会員数は約4500名で、女性を中心とした零細事業家が主なターゲットである。
(16) Florence Maximambali et al., op. cit., p. 10.
(17) Graham A. N. Wright et al., *Drop-outs amongst Ugandan MFIs* (MicroSave- Africa, 1999) p. I.
(18) Ibid., p. 4.
(19) Graham A. N. Wright, op. cit., pp. 42-68.
(20) Sham Mustafa et al., *Beacon of Hope* (BRAC, 1996).
(21) Ibid., pp.116-122.
(22) A. M. Muazzam Husain (ed.), *Poverty Alleviation and Empowerment* (BRAC, 1998).
(23) 以上のパラグラフでの数値は、いずれもIbid., p.157のTable 8.11に基づいている。
(24) 例えば、グラミーン銀行の創設者Yunusがこのような考えを示してきた。この点については、本書第2章の注(22)を参照。
(25) A. M. Muazzam Husain （ed.）, op. cit., pp. 159-160.
(26) Ibid., pp. 163-164.
(27) Shahedara Parvin et al., *Dropout in Micro-credit Operation* (ASA, 1996).
(28) ASA自身は、内在的要因としての「上限がある」という点とこの点とを結びつけて、ASAによるクレジットの上限が厳しい半面で、他の機関によってより大きな金額のクレジットが供与されているということがASAからのドロップアウトの大きな要因になっていると分析している。もっとも、定期的な返済が困難であることがドロップアウトの背景として無視できないことを考慮すれば、クレジットの上限を引き上げることが解決策になるとは言いきれないともしているが（Ibid., p.25）。
(29) バングラデシュでのいわゆるオーバーラップについての指摘は少なくない。例え

ば、Md. Hasan Khaled, "Overlapping Problems in Microcredit Operations", *The Microcredit Review*, Vol.1, No.1(1998), pp.43-47, Md. Jashim Uddin, "Overlapping: A Critical Issue of Microcredit", *The Microcredit Review*, Vo.1, No.2 (1999), pp.13-16 などを参照。

(30) 2年未満、2～3年、4～5年の三区分に仕分けし直された回答者数は、それぞれ31、52、112である（Shahedara Parvin et al., op. cit., p.26）。残りの7名は、不回答のためこの点については不明である。

(31) ダッカ、チッタゴン、ラジシャヒの三地域に属する回答者数は、それぞれ103、40、31である。これ以外の回答者は、バリサル、カルナなどの地域に属している（Ibid.,p.35）。

(32) Graham A. N. Wright, op. cit., p.46で紹介されているK.A. Khan & A. M. R. Chowdhury, *Why Do VO Members Drop Out ?* (BRAC, 1995) による。

(33) 因果関係が必ずしも明確ではないため、参考程度の分析でしかないが、以上に関連して、ドロップアウトといくつかの経済社会指標との間の相関分析結果が知られている。それらのうちで強い相関が見られたケースだけをあげれば、まず、グラミーン銀行の各年ドロップアウト者率は農村での電化の進行と正の相関関係にあるという。他方で、農村における道路の長さとBRACの各年ドロップアウト者率の間には負の相関関係が指摘できるという。また、グラミーン銀行とBRACの双方に共通する分析結果として、小学校数の増加と各年ドロップアウト者率の増大が相関関係にある一方で、中学校数は各年ドロップアウト者率との間で負の相関関係にある点が指摘されている（Shahidur R. Khandker, *Fighting Poverty with Microcredit*（The University Press Limited, 1998）, p.171（Table A5.2）を参照）。

(34) Florence Maximambali et al., op. cit., pp. 10-15.

(35) Ibid., p. 14.

(36) Graham A. N. Wright et al., op. cit., pp. 4-13.

(37) このような実態に対して、当該報告書をとりまとめたWrightらは、複数のMF機関に加入するということは、それだけ定期的ミーティングなどのグループ活動に割かれる時間や借り入れに伴う手数料等が増えるという意味では無駄が多く、決して効率的とは言えないとコメントしている（Ibid.,pp.17-18）。

(38) Inez Murray, "Cultivating Client Loyalty: Exit Interviews from Africa and Asia", *MicroBanking Bulletin*, No.6(2001), pp.20-24.

(39) 両者は、グループ貸付という点では同じだが、貸付期間・利子・金額やグループ・ミーティングのあり方という点では少なからぬ差異が見られる。まず、貸付期間については、UWFTが16週であり、シャクティ財団の50週に比べてかなり

短くなっている。また、利子については、シャクティ財団に比してUWFTが2.5倍も高くなっている。貸付金額については、スタート時点では大きな違いはないが、最高額という点では、米ドル換算額でUWFTが327ドル、シャクティ財団が189ドルという差異が見られる。他方、グループ・ミーティングの面では、開催頻度は同じだが、出席が義務かどうかという違い（シャクティ財団は義務だが、UWFTはそうでない）がある。さらに、UWFTには自発的貯蓄制度があるのに対して、シャクティ財団にはそのようなものがない（Ibid., p.21）。

(40) Iftekhar A. Chaudhury, *A Study on Membership Overlap between Different NGOs in Selected Villages: Its Impact on Micro-credit Programmes and Rural Poor* (BRAC, 1999) を参照。Tangail県の三つのターナ（Sadar, Kalihati, Basail）の10のBRAC組織を対象にして実施されたこの調査では、115名の複数加入者の借入金の使途について調べられているが、それによれば、69.73％が生産的用途に向けられており、主なものとしては家屋建設、牛の購入があげられるという。しかしながら、このことは残りの3割強は非生産的用途に用いられているということを示しており、そのような使途の中では、結婚資金や医療費と並んで他のNGOからの借入金の弁済が目立っている。

あとがき

　筆者の貧困問題との関わりは、20年前にタイとバングラデシュを初めて訪問した時に始まる。文献等で知っていた範囲での「絶対的貧困」を、バンコク・クロントーイ地区やダッカ・アガルガオン地区で面前にした際のショックの記憶はいまなお鮮明である。その後も、フィリピン・ネグロス（この訪問は、西川潤先生からの「見ることが勉強である」とのアドバイスがなければ実現しなかったであろう）、マニラ、ジャカルタ、カルカッタなどで幾度となく「絶対的貧困」にふれてきたが、この間に全く変わっていないのは「このような悲惨な状況に対して自分には何ができるのであろうか」という問いに対して、確固たる解答を見出し得ていないという状況である。「絶対的貧困」のレッテルを貼られた人々との直接的な交流から得たものは、実は筆者の方がずっと多かったといつも感じてきた。その経験を他に伝えることはいわば（職業上の）当然の義務だとしても、それ以外に自分に何ができたのだろうか、と改めて自問した時に、思い当たることが少ないわが身に反省しきりである。

　それと同時に、貧困問題をめぐっていつも疑問に感じてきたのが、「序」に問題意識として記した二点である。誰が何をもって貧困問題としているのか、誰がどのようにして貧困からの脱却をはかり得るのか、といった根本問題は、少なくとも筆者の頭の中では解明され尽くしていない。貧困の実相にふれる機会が増えるにしたがって、この問題が益々脳裏から離れなくなっているというのが実情である。理論的体系性を求める学問的正統派の観点からすれば、こうした現実の中をさまよい歩く状況にある筆者は、あるいは失格であるということになるのかも知れない。だが、少なくとも社会科学は、実践的な問題関心から出発している以上は、具体的現実から抽出された学問上の問題に対して解答を見出すだけでなく、

現実の問題の解決にそれを擦り合わせていく必要があるのではないか。こうした観点からすれば、これまでの貧困およびその問題解決をめぐる論議は、どれほどまでに現実的に意味があったのだろうか、というのが、本書をとりまとめるに至った動機であった。思わぬ理解の不十分さによって、誤りをおかしている箇所があるかもしれないが、全体を通して「序」にまとめられた本書の趣旨をご了解いただければ、誠に幸甚である。

　なお、本書は、別の機会に発表した諸論稿が基になっている。初出一覧は、別記の通りであるが、本書の出版に際して必要な修正、加筆等を行った。このうち第5章の基になった論稿は、三島海雲記念財団の第38回学術奨励金による個人研究「アセアン諸国における通貨・金融危機後の社会保障の課題と展望」が下敷となっている。同財団に対して、改めて感謝を申し述べたい。また、この研究の最初の段階での成果を、SASE（Society for Advancement of Socio-Economics）の第12回研究大会（2000年7月、於ロンドン大学）で発表する機会を得た。同研究大会への出席を助成いただいた大幸財団（海外学術交流研究助成）にも、謹んで御礼申し上げたい。さらに同じ研究の過程では、国連アジア・太平洋経済社会委員会（ESCAP）主催のRegional Seminar on Social Safety Nets（2001年5月1日～3日、於バンコク）に参加する機会を得たが、そこでの討論も大いに参考になった。同セミナーへの招聘をアレンジして下さったKim Xuan Nguyen女史にも、この場をお借りして深謝申し上げたい。

　一方、第6章と第7章は、勤務先の研究助成制度による共同研究B-20「貧困緩和・解消と社会保障の国際政治経済学」（2000～2002年度、研究代表者：佐藤元彦）の一環として実施されたバングラデシュ訪問調査（2001年1月、2月、7月、2002年2月の4度）に多くを負っている。同共同研究の成果のとりまとめは別途に進行中であるが、これらの二つの章を執筆する際に参照した資料等は、殆どが訪問調査時に現地で入手したものである。訪問調査を可能にしていただいた勤務先（愛知大学）、また、訪問調査時に貴重なアドバイスを下さった諸賢、特にMd. A. Hakim（PKSF）、Binayak Sen（BIDS：バングラデシュ開発研究所）の両氏には、改めて心から感謝を申し上げる。

最後に、昨今の厳しい出版状況の中で、本書の刊行を可能にして下さった築地書館の土井二郎社長にもお礼の言葉を申し述べなくてはならない。学生時代の同志でもあった土井氏が、爾来20年間の筆者の歩みをどのように見て下さっているのか、大変気になるところではあるが、ともあれ、今回の出版に至ったことには実に感慨深いものがある。

《初出一覧》

第1章　愛知大学経済学会『経済論集』第144・145合併号、1997年12月、35〜60頁（原題は「貧困緩和・解消アプローチの新たな展開と課題（上）− Human Development論の検討−」）

第2章　愛知大学経済学会『経済論集』第146号、1998年3月、1〜26頁（原題は「貧困緩和・解消アプローチの新たな展開と課題（下）− Social Development 論の検討−」）

第3章　愛知大学経済学会『経済論集』第155号、2001年2月、77〜100頁（原題は「参加型貧困評価と貧困緩和のための『公共行動』」）

第4章　『愛知大学国際問題研究所紀要』第119号、2002年7月、51〜82頁（原題は「ソーシャル・キャピタル論と貧困緩和・解消」）

第5章　愛知大学経済学会『経済論集』第157号、2001年11月、67〜88頁（原題は「『危機』後東アジアにおける社会保障」）

第6章　愛知大学経済学会『経済論集』第156号、2001年8月、73〜102頁（原題は「国連とマイクロファイナンス」）

第7章　愛知大学経済学会『経済論集』第158号、2002年2月、1〜26頁（原題は「マイクロファイナンスとドロップアウト」）

索引

【ア行】

ILO102号条約　117, 125
アカウンタビリティ　43, 44
アジア危機　113, 115, 119, 122, 123, 134
ASA　164, 174, 176, 179, 182, 188
アドボカシー　39, 44, 57
アファーマティブ行動　44
インフォーマル在来金融　137, 146, 153
インフォーマルな制度　86, 89
インフォーマルなソーシャル・キャピタル　103, 104, 105
インフォーマル部門　105, 122, 123, 124, 133, 147, 148, 153, 161
「上から」のソーシャル・キャピタル　103
「失われた十年」　12
エージェント　34, 39, 41, 42, 43, 45, 46, 47, 52, 54, 63, 70, 71, 73, 74, 75, 76, 77, 154
エンタイトルメント　28, 29, 30
エンタイトルメント＝ケイパビリティ論　14, 16, 31
エンパワーメント　31, 40, 63, 65, 66, 69, 70, 72, 73, 140, 159
オイルショック　12, 121
オーバーラップ　180, 188

【カ行】

海外出稼ぎ　123
開発主義国家　46
開発独裁　118
開発の十年（UNDD）　1
各年ドロップアウト者率　166, 167, 168, 189
ガヴァナンス　2, 35, 43, 44, 54, 74, 77, 90, 151, 152
関係的キャピタル　96
企業ガヴァナンス論　43
共通（コモン）財　89
協同組合　36, 37, 58, 158
均霑（trickle-down）効果　9, 10, 23
金融資本　83
金融仲介機能　137, 153, 154, 185
グラミーン銀行　53, 54, 142, 149, 150, 157, 159, 162, 164, 165, 166, 167, 172, 187, 188, 189
グラミーン・トラスト　54, 165, 187
クレジットプラス・アプローチ　144, 164, 172
グローバリゼーションの社会化　124
ケイパビリティ　15, 28, 29, 30, 31, 105
契約関係　85, 86
結束　84, 96, 97, 98, 104, 110, 111
結束のソーシャル・キャピタル　72, 93, 96, 97, 98
健康保険制度　118
公共行動（Public Action）　2, 20, 47, 74, 75
公共財　89, 93
構造調整　12, 13, 18, 27, 50
構造的キャピタル　96
行動計画（国連社会発展サミットの）　36, 37, 38, 51, 57
国連環境開発会議　35, 52
国連システム　5, 35, 59, 60, 62, 64, 70, 71, 79, 136, 157
国連社会発展研究所　49
国連社会発展サミット　22, 33, 34, 35, 47, 51, 62, 79, 107, 84
国連マイクロクレジット国際年（IYM）　3
国連ミレニアム・サミット　1

195

個人主義的貧困観　9
国家ガヴァナンス　43, 44, 51, 77
コペンハーゲン宣言　28, 35, 38, 54, 57
コミュニティ組織　36, 37, 38, 39, 40, 41, 43, 45, 46, 52, 57
Community Development論　34, 50
雇用集約型成長　147, 148
雇用なき成長　17

【サ行】

最小限アプローチ　144, 152, 161, 144
最大限アプローチ　144
Sustainable Development論　35
参加型開発　16, 17, 31, 62
参加型農村評価（PRA）　64
参加型貧困評価（PPA）　2, 61, 64
「残余」　83, 85, 107
支援主導保障　74
自己選択, 140
市場（機能）補完アプローチ　18, 31
市場主義　12, 13, 27
自助組織　37
自然資本　83, 85
「下から」のソーシャル・キャピタル　103
失業手当　117, 123, 130
シナジー　98, 102, 103, 111
市民社会アクター　37, 38, 41, 42, 43, 44, 45, 46, 51, 52, 54, 56
市民社会セクター　44
市民社会の関与　36, 37, 57
Journal of Human Development　47
社会開発論　2, 33, 50, 51, 105
社会権（第二世代の人権）　25, 27, 81, 121
社会的セーフティネット　18, 107, 113, 114, 115, 118, 119, 120, 121, 123, 124, 125, 127, 128, 130, 132, 133, 152, 153, 154
社会的排除　34, 56, 84, 107, 133
社会的貧困観　9

社会的包含　107
社会的保護　37, 115, 122, 123, 124, 125, 127, 131
社会的リスク管理　125
社会統合　36, 37, 56, 57
社会発展　35, 36, 38, 41, 47, 57, 58
社会発展（Social Development）論　2, 22, 33, 34, 35, 38, 41, 42, 43, 45, 46, 47, 50, 56, 105
社会保障（Social Security）　113, 114, 115, 117, 120, 121, 122, 123, 129, 124
社会保障のグローバル化　124
自由権（第一世代の人権）　25, 27
重債務貧困国（HIPC）　135
10の公約（コペンハーゲン宣言の）　36
主体　34, 35, 63, 65, 69, 70, 75, 77
主体形成　42
小集団連帯責任制　137
「消費の平準化」機能　145, 146
情報の不完全性・非対称性　85
所得創出アプローチ　138
所得貧困　2, 5
「人権としての発展の権利」論　4, 14, 16, 27, 28, 30
「人権の世代」論　25
新国際経済秩序（NIEO）　26
新古典派　27, 87
新最小限アプローチ　138
新成長理論　83
新制度学派　86, 108
人的資源開発論　15
人的資本　83, 85, 91, 92, 93, 94, 110, 129
人的資本論　15, 26, 88, 89, 95
裾野の広い成長　62
西欧型社会保障　124
成長会計分析　83
成長主義見直し　10, 11, 33
成長媒介保障　74
制度的キャピタル　96
世界人権会議・ウィーン宣言　28
絶対的貧困　5, 7, 10, 11, 24, 77

全要素生産性　83, 107
相対的貧困　10
ソーシャル・キャピタル　72, 83, 84, 85, 87, 88, 89, 90, 91, 92, 93, 94, 95, 96, 97, 98, 101, 102, 103, 104, 107, 108, 109, 110, 111, 140, 158, 185
ソーシャル・キャピタル論　47, 83, 85, 86, 87, 88, 101, 104, 105, 107, 108
村内業務　142

【タ行】

「ダークサイド」（論）　94, 98, 110
ターゲッティング　125, 162
ターゲット集団　144
「第三の道」論　77, 121
退出　2, 47
第24回国連特別総会（社会発展特別総会）　5
地球市民権　38, 41, 50
「中間部門」論　161
超零細企業金融（microenterprise finance）　124, 151
ディーセント・ワーク　2
デリンキング　2, 23, 47
統合的アプローチ　144, 152, 161
道徳感情論　87
透明性　43, 44
取引費用の縮小　142
ドロップアウト　163, 165, 167, 168, 169, 170, 171, 174, 176, 179, 180, 181, 182, 183, 185, 187, 188, 189

【ナ行】

ナショナル・ミニマム論　24
「人間に親和的な」市場　18, 19
人間の安全保障　19
人間発展　4, 15, 17, 19, 20, 21, 22, 47, 59, 74, 77, 78, 79, 95, 113, 114, 119, 120, 121, 125, 127, 128, 133

人間発展指数（HDI）　19
人間発展（Human Development）論　2, 8, 14, 15, 16, 19, 21, 22, 34, 35, 47, 104, 105
人間貧困　2
人間貧困指数（HPI）　59
認知的キャピタル　96
年金制度　118, 130

【ハ行】

パートナーシップ　37, 46, 47, 52, 57, 73
橋渡し　84, 93, 96, 97, 104, 110, 111
橋渡しのソーシャル・キャピタル　72, 97, 110
発展の権利（right to development）　27, 31, 135
発展の権利宣言　14, 27, 30
BancoSol　141, 159
BHN（Basic Human Needs）　10
BHN論　11, 15, 16, 25, 26, 33, 49, 61, 146
非営利組織　37, 57
「人々による」発展　17, 22, 38, 42, 47, 51
「人々の」発展　17
「人々のための」発展　17
Human Development Report　14, 15, 17, 19, 20, 21, 22, 47, 51, 59
貧困根絶のための国際デー　5
貧困削減（Poverty Reduction）　59, 60, 79
貧困削減戦略ペーパー（PRSP）　60
貧困の"季節性"　63
貧困の"女性化"　63, 80
「貧困撲滅におけるマイクロクレジットの役割」に関する決議　136, 157
貧困撲滅のための国際年　1
貧困撲滅のための十年（UNDEP）　1, 135
貧民（pauper）　76
フォーマルな制度　85, 86, 87, 89, 104
フォーマルなソーシャル・キャピタル　103
フォーマル部門　123, 133, 147, 148
福祉オリエンタリズム（Welfare Orientalism）（論）　119, 120, 124, 131, 132

福祉国家　11, 12, 46, 120, 127
福祉国家の危機　12, 120, 122
福祉社会論　15
福祉ユニバーサリズム　120
複数加入　180, 184, 190
物的資本　83, 91, 92, 93, 94
BRAC　164, 165, 166, 167, 169, 171, 172, 179, 184, 189
ブルントラント報告　35
ブレトン・ウッズ機関　60, 79
PROSHIKA　164
BRI-unit　141, 159
Voices of the Poor　64, 81
「法の経済学」論　86
「法の支配」　85
方法論的個人主義　88, 104
ボランティア組織　37, 90

【マ行】

マイクロインシュアランス（MI）　135, 173
マイクロクレジット（MC）　42, 53, 55, 76, 135, 173, 180, 183
マイクロクレジット国際年（IYM）　136
マイクロクレジット世界サミット　3, 54, 136, 165
マイクロクレジット世界サミット＋5会議　3
マイクロセイヴィング（MS）　135
マイクロファイナンス（MF）　3, 42, 45, 46, 124, 125, 126, 135, 163
マイクロファイナンス（MF）機関　136, 138, 139, 140, 141, 142, 144, 145, 146, 148, 150, 152, 153, 154, 158, 160, 162, 163, 164, 165, 168, 172, 174, 176, 183, 184, 187, 188, 189
マクロ成長論, 9, 113
ミスターゲッティング　142
ミレニアム開発目標（MDGs）　5

【ヤ行】

良い市民ガヴァナンス（Good Civic Governance）　104
良い統治（Good Governance）　27, 43, 54, 55, 90
用益権取得　159
「弱い絆」論　91

【ラ行】

累積ドロップアウト者率　167, 168
零細事業体部門　138, 145, 147, 148, 149, 150, 151, 153
連携　84, 93, 96, 97, 98, 104
連携のソーシャル・キャピタル　72, 97, 110
労災補償制度　118
労働権　25, 79

【ワ行】

ワークフェア　121, 122, 132, 133
World Development Report　11, 12, 13, 59, 69, 72, 84

脱貧困のための国際開発論

2002年9月2日　初版発行

著者───── 佐藤元彦
発行者──── 土井二郎
発行所──── 築地書館株式会社
　　　　　　東京都中央区築地7-4-4-201　〒104-0045
　　　　　　TEL 03-3542-3731　FAX 03-3541-5799
　　　　　　http://www.tsukiji-shokan.co.jp/

組版───── ジャヌア3
印刷・製本── 株式会社シナノ
装丁───── 小島トシノブ

Ⓒ Motohiko SATO　2002 Printed in Japan
ISBN4-8067-1247-7 C0036

著者紹介──佐藤元彦（さとう　もとひこ）

　　現　職：愛知大学経済学部教授（担当科目は「国際開発論」、「発展途上国経済論」、「アジア太平洋経済総論」、「オセアニア経済論」など）

　　略　歴：1958年11月　青森県弘前市生まれ
　　　　　　1982年3月　慶應義塾大学経済学部卒
　　　　　　1989年3月　広島大学大学院社会科学研究科博士課程単位取得退学
　　　　　　以後、特殊法人・日本学術振興会特別研究員（PD）、愛知大学経済学部専任講師、同助教授などを経て、2002年4月から現職。

　　著　書：『第四世代工業化の政治経済学』（新評論、1998年）、『アジアNIEs』（世界思想社、1994年）、『財政支援型国際協力』（学陽書房、1993年）、『近代に生きる（講座オセアニア③）』（東京大学出版会、1993年）〔いずれも共著〕など。

環境・開発問題への新たな取り組み

●総合図書目録進呈いたします。ご請求はTEL 03-3542-3731　FAX 03-3541-5799まで。
くわしい内容は、小社ホームページで　http://www.tsukiji-shokan.co.jp/

開発フィールドワーカー
野田直人［著］
1,800円＋税

大学生から、ODA専門官、エコノミスト、NGOスタッフまで、幅広く参加している開発メーリングリストの主宰者が、住民参加型の村落開発のフィールドワーカーとしての豊富な経験をもとに書き下ろした。

移入・外来・侵入種
生物多様性を脅かすもの
川道美枝子＋岩槻邦男＋堂本暁子［編］
●2刷　2,800円＋税

移入種・外来種—何が問題なのか。世界各地でいま何が起きているのか。
日本のブラックバスから北米の日本産クズまで、第一線で活躍する内外の研究者18名が最新のデータをもとに分析・報告する。

アマゾンの畑で採れるメルセデス・ベンツ
［環境ビジネス＋社会開発］最前線
泊みゆき＋原後雄太［著］　●3刷　1,500円＋税

企業戦略と持続可能な開発・熱帯林再生の幸福な両立——『ポエマ計画』と呼ばれ、現在37の自治体が参加している社会開発プロジェクトの成功例を、ドイツ・ブラジルでの取材を通して克明に描き出す。

公共事業と環境の価値
CVMガイドブック
栗山浩一［著］
●4刷　2,300円＋税

環境の経済評価の一手法としてアメリカで開発されたCVMについて、公共事業など、日本独自の問題を視野に入れ、より客観的な評価ができるように解説した。専門家はもとより、一般市民をも対象とする、わかりやすいガイドブック。

新・環境はいくらか
ジョン・ディクソン他［著］　●2刷
環境経済評価研究会［訳］　2,900円＋税

世界銀行環境部のスタッフを中心に全面改訂された最新版。
環境を経済評価するさまざまな手法を、最近の現場経験とその適用可能性に応じて再分類した。環境の経済評価の国際水準を示す待望の邦訳。

環境評価ワークショップ
評価手法の現状
鷲田豊明＋栗山浩一＋竹内憲司［編］
●2刷　2,700円＋税

経済学・工学・農学などの領域を超えて展開する環境評価研究の最前線。
●世界自然保護基金評＝紹介される評価の事例も具体的で、調査したデータをいかに評価へつなげていくかがよくわかる。

開発プロジェクトの評価
公共事業の経済・社会分析手法
松野正＋矢口哲雄［著］
2,400円＋税

政府・自治体の行財政改革に求められる、国内外の公共事業の評価。その手法を理論・実践の両面からズバリ解説する。
各国の開発プロジェクトに長年携わってきた著者の豊かな実務経験に基づいて執筆された書。

砂漠のキャデラック
アメリカの水資源開発
マーク・ライスナー［著］　片岡夏実［訳］
6,000円＋税

アメリカの現代史を公共事業、水利権、官僚組織と政治、経済破綻の物語として描いた傑作ノンフィクション。10年以上の調査をもとに、アメリカの公共事業の100年におよんだ構造的問題を描き、その政策を大転換させた大著。